最適なキャリア
デザインのための

パーソナル

SWOT

外部環境と
自己分析で **USP** 独自戦略 を組み立てる

株式会社アールイー経営 代表取締役 **嶋田利広**

マネジメント社

はじめに

　自分はどんな仕事に向いているのか、会社でどのように仕事をしていけばいいのか、転職は何を指針にすればいいのか（年収なのか、職務内容なのか）、そもそも転職できるのか、また独立起業は自分に適しているのか？

　こんな「自分探し」をしている人がとても多いようです。

　私のビジネスパートナーであるコンサルタント仲間と話しているとき、SWOT分析に関連してこんな話がありました。

　「嶋田先生、SWOT分析は法人だけでなく、個人戦略にも相当使えますね。組織が雇用を保証してくれない時代がきていますから、これからは、自立した職業戦略を一人ひとりが持つべきですね」と。

　さらに「特に保険業界は個人営業を強化しなければならない時代になっていますから、セールスパーソンは、保険を売る前に『個人の職業再設計』の提案ができるようになれば、そこに自ずと保険（契約）が付いてくるというわけです」とも言いました。

　私はこれまで企業戦略を構築するためのSWOT分析を200件以上コンサルティングしてきましたが、じつは個人への「パーソナルSWOT分析」も、知り合いなどに限定してのものですが20人以上に行ってきました。その多くは、自身のキャリアアップ、転職相談など、独立起業のケースで活用したものでしたが、実際にSWOT分析を使って個人のキャリアデザイン設計に取り組んでみると、意外にも、SWOT分析が個人の戦略構築に大いに役立つことがわかりました。

　日本の多くの企業はすでに終身雇用ではなくなっています。いい会社に属していれば終生安泰……こんな幻想は過去のもの、これからは自分で自分を守らなければならない時代です。

　本書のChapter 1で述べているように、「ビジネスパーソンをますます不安定にする要因」がいろいろメディアを通じて流れてきています。米中貿

易戦争をきっかけに、世界的な景気減速を予想させる情報や統計データがどんどん発表されています。日本経済は相変わらず低成長で、賃金も上がらず、デフレも脱却したとは言い難い状況が続いています。そんな経済環境で景気減速が鮮明になれば、2008 年の悪夢のリーマンショックの再来を思い描かずにはいられません。

もし、リーマン級の景気悪化になれば、また業績悪化 ⇒ 設備投資・雇用・賃金抑制 ⇒ 投資・消費停滞 ⇒ 業績悪化というデフレスパイラルになる可能性があります、しかも今回は、リーマンショック時よりも、

- 金融緩和政策、財政出動の余力のなさ
- 人口減少による経済規模の縮小
- 消費増税による消費者心理の冷え込み
- AI、IoT、RPA（Robotic Process Automation）、ロボット化など人に代わる機能の拡大
- 新興国の追い上げ
- 世界景気のけん引役の米中の景気悪化

などの構造的なマイナス要素が大きく、そう簡単には景気回復は考えにくいというのが識者の意見です。

そうすると、ビジネスパーソンも「自分の身は自分で守る」ことが絶対に必要な時代になってきます。自分の身を守れないビジネスパーソンは収入面で大きな打撃を受けること必至です。しかし、何の具体策も持たない「組織に依存しているビジネスパーソン」は、ある意味、無防備な状態です。自分の将来が見えず、生活防衛もできなくなります。

だからこそ、

「組織から切られない自分づくり」

「他の組織でも十分活躍できる自分づくり」

「誰の庇護も受けず、独り立ちしても稼げる自分づくり」

を計画的に確立していかなければなりません。

本書では、そういったビジネスパーソンが「パーソナル SWOT 分析」の

メソッドを使って、どんなプロセスをたどり、個人のビジョンやアクションプランを作成していくかを、仕組みやヒント、実例を使ってわかりやすく解説しています。

しかもそれは、冷徹な分析と判断によらなければならないのと同時に、個人にとって希望の持てるものでなければなりません。

「自分らしさ」を発揮して、「適正な人生設計」をどのように描くのか——自分で自分を分析し、自分で長期戦略を組み立てることが求められているのだと思います。

また、本書で解説している内容は、個人はいうに及ばず、

- 新規創業融資を支援する会計事務所
- 個人の生活設計に関与する保険パーソンやFP
- モチベーションアップの研修を行うコンサルタント

などにも、実務的なツールとしすぐに使えるようになっています。おおいに活用していただければと期待しています。

パーソナルSWOT分析のノウハウが「組織に依存しない強い自分づくり」の発見につながり、読者の人生設計の再構築に役立っていただければ、著者としてこれほどの喜びはありません。

2019年10月

㈱アールイー経営 代表取締役　**嶋田 利広**

Contents

はじめに ——————————————————— *3*

先が見えない個人のライフプランを明確化—— 現実を知る

❶ 安定した将来設計がますます見えにくくなる　*10*
❷ 選択を迫られるワークライフ戦略　*14*
❸ このまま今の会社にいた場合のリスクと不透明感を明確化　*16*
❹ 個人のライフイベントと資金需要の明確化　*18*
❺ まさかの収入減（倒産、転職）と将来の準備　*20*
❻ どのスキルが他社でも通用するかでキャリアアップを検討　*21*

ビジネスで使うSWOT分析を個人に活用する

❶ そもそもSWOT分析って何？　*24*
❷ SWOT分析で何がわかる？　*26*
❸ パーソナルSWOT分析による最強の自分づくり　*34*

パーソナルSWOT分析の前に「現状認識」

❶ 年収は10万円上昇すれば悪くない時代の賃金　*42*
❷ 今の収入の延長線上では厳しくなる「破局のシナリオ」を整理　*44*
❸ このままサラリーマンを継続すべきか？　それとも……　*46*
❹ もし、独立起業して収入が増えれば……　*49*

パーソナルSWOT分析の目的は「自分のトンガリ」「自分らしさ」づくり

❶「他とは違う自分らしさ」の発見が難しい理由　*54*
❷ パーソナルSWOT分析の結果なら納得できる　*55*
❸「トンガリづくり」が自信づくりの源　*57*

Chapter 5 パーソナルSWOT分析で「自分らしいブランド」を発見

- ❶ パーソナルSWOT分析のポイント　*60*
- ❷ 「機会分析」でこれからの会社の方向性を把握する　*61*
- ❸ 「強み」とは、「トンガリ」になる潜在的な興味やスキル　*63*
- ❹ 「脅威」とは、あなたにとって好ましくない外部環境の変化　*66*
- ❺ 「弱み分析」では、時間をかけて自己改善する　*67*
- ❻ 「機会」×「強み」＝「パーソナル積極戦略」　*68*
- ❼ 「機会」×「弱み」＝「パーソナル改善戦略」　*69*
- ❽ 「積極戦略」×「改善戦略」＝短期・中期目標　*70*

Chapter 6 パーソナルSWOTクロス分析で「今の職場での将来設計」を決める

- ❶ 【パーソナル積極戦略】で「自分ブランド」「将来戦略」を明確化　*72*
- ❷ 【パーソナル積極戦略】の事例　*74*
- ❸ 【パーソナル改善戦略】で自己の課題克服　*78*
- ❹ 積極戦略と改善戦略から「キャリアプラン10か年」作成　*82*
- ❺ 企業内キャリアアップ研修で「パーソナルSWOT分析」と「キャリアプラン」を作成　*87*

Chapter 7 就職・転職のためのパーソナルSWOT分析

- ❶ 独自性や即戦力となるスキルが求められている　*92*
- ❷ 狙った業種・職種から求められるスキル・機能を分析する　*94*
- ❸ 自分の【強み】といえるスキルや知識を整理する　*96*
- ❹ 「機会×「強み」＝「独自のセリングポイント」　*98*
- ❻ 転職で収入増にするための自分の付加価値づくり計画　*102*

Chapter 8　独立起業を目指す人のパーソナル SWOT 分析

❶ 独立起業を目指すなら、まず「自分の棚卸」から　*110*
❷ パーソナル積極戦略として独立起業分野での USP を明確化　*116*
❸ 「5 か年ビジョン・アクションプラン」の作成　*122*
❹ 「5 か年ビジョン・アクションプラン」の事例　*129*

 **Chapter 9　キャリアデザインを可視化する
ワークライフコーディネート**

❶ ワークライフコーディネーター（WLC）とは　*134*
❷ WLC はクライアントと一緒にキャリアデザインを検討する　*135*
❸ 必要な貯蓄、借入、保険を計画する　*148*
❹ パーソナル SWOT 分析でワークライフを再設計　*149*

おわりに ———————————————————— *151*

先が見えない個人のライフプランを明確化──現実を知る

① 安定した将来設計が ますます見えにくくなる

　これまでの人生設計の基本は、

　就職 ⇒ 年齢と生活費上昇に応じた昇給 ⇒ しっかりした退職金 ⇒ 安心できる老後の年金暮らし

　こういう姿が理想でした。

　しかし、すでにこの流れは崩壊しています。特に、今第一線で活躍している 30 ～ 50 代のビジネスパーソンの老後には違う世界が待っています。

　2019 年 6 月、金融庁の審議会が提出した「老後資金 2000 万円問題」（市場ワーキング・グループ報告書「高齢社会における資産形成・管理」）がメディアを賑わしました。年金だけで夫婦が老後の生活をするには 30 年で 2,000 万円不足するということでした。

　しかし、そんな老後の前に、生活崩壊の予兆がさまざまな場面で見えてきました。これについては、統計とか制度とかを見ずとも、昨今の経済状況、労働人口減少、高齢化、AI や IT の進化、日本の立ち位置、世界の流れから、なんとなく「将来はやばいな」と感じている人は多いと思います。

　安定したビジネスライフ、老後を送れない時代が到来することは、すでに多くの事例がニュースとして飛び交っていて、多くの人が感じているのです。

❶ 終身雇用が本格的に崩壊

　終身雇用は大手企業の制度であり、中小企業でその恩恵を受けている人はそう多くはありませんが、それでも「日本的雇用慣行」として、中小企業においてもなんとなく守られていました。

　そんな中、あのトヨタ自動車の社長でさえ、終身雇用に疑問を投げかけ

ています。大企業の多くはグローバルな経営なので、日本的労働環境を世界の労働者に適用させられないという理由もあるのでしょう。

現在、多くの企業で定年は65歳まで伸びているし、その後、70歳まで伸びることでしょう。しかし現実には、多くの公務員が、そして企業でも60歳を過ぎると給与は大きく下がり、正社員ではなくなります。いったん定年退職して再雇用されても、給与は退職前の半額という例も少なくありません。銀行でも55歳を超えると、辞めるか出向させられるかの選択を迫られる場合が多いのです。

❷ いつまで働けばいいのか

「老後資金2,000万円問題」では、仮に65歳で無事定年を迎えた場合、その後30年くらい人生があるとするなら、年金だけでは食べていけないと金融庁の審議会は試算したわけです(2,000万円の不足)。すると、もっと長く働くか、あるいは別の収入を得なければなりません。

近年は晩婚化が進んでいます。仮に40歳で子どもをもうけて、その子が一人前になるのに25年、その子が子ども(孫)を生むとなると、さらに10年。だすると、親の年齢は75歳。孫にいろいろなものを買ってあげるには年金収入だけでは難しいでしょう。他に収入が必要です。

現在、満65歳を迎えると年金は満額支給されます(他に一定額以上の収入がない場合)。ところが、将来の年金財源不足がわかっている国は、65歳を迎えようとする対象者に、「70歳からの支給を選べば、年金額を大幅に増やすことができますよ」と甘いささやきの文書を送ってきます。65歳から年金をもらうか、5年間我慢して、70歳からの支給に期待するか ── 自分の寿命と年金の受給年を秤にかけて、悩むところです。計算上は、満81歳以上生きることができるならば、70歳からの支給のほうが総額であれば有利になります。

❸ 不動産も負のスパイラルの可能性

人口減少とGDPが減少することは、経済活動が停滞し、ある特定の都

市部の人気地域を除き、オフィス賃貸やアパート賃貸市場で賃料の低下や空き室増加が増えることを意味します。

そして、将来の収入の補填のために借金をして購入した不動産の価値が下がるということは、賃貸マンションやアパート経営をしている人が、将来的に借金を返せない事態になる可能性も予測されます。

今の経済状態の延長線上で不動産収入があれば借金も返せるし、所得も増えるという期待から、賃貸マンションやアパートを購入した人も多いでしょう。退職金をつぎ込み、不足分は銀行借入で購入したものの、思うような賃料収入が得られなくなり、その将来予測が崩れたとき、借り入れによる不動産は大きな負債になっていきます。

❹ 技術革新でなくなる仕事

2013年にオックスフォード大学が発表した論文が話題になりました。

これから10〜20年後に、702職種のうち47％の仕事がAI、ロボットにとって代わられるということでした（マイケル・A・オズボーン／カール・ベネディクト・フレイ『雇用の未来―コンピューター化によって仕事は失われるのか』）。

コンピューター処理能力の飛躍的な向上とセンサー技術の向上、ビッグデータ処理の向上、ロボティクス技術の向上などのテクノロジーの進化がそうさせるそうです。

実際にAIにとって代わられるかは別として、現実にその動きは出てきています。もし、自分の仕事が機械、AIに置き換えられる仕事であるなら、その仕事は確実になくなるでしょう。仕事がなくなるということは、企業でいうなら、あなたの仕事は「人員削減対象業務」ということです。

❺ 銀行大量リストラ時代が象徴するもの

メガバンク、大手損保が今後数年で大量の人員削減を行うことを次々に発表しました。

低金利の影響による低収益化が続いているのと、AIやIoT（Internet of

Things；モノのインターネット）などの業務の効率化で、「人余り」が顕在化しているからです。

　実際に AI や IoT、RPA（Robotic Process Automation；ロボットによる業務自動化）など、ハイテクを使った業務の効率化はますます進んでおり、「今まで人がしていた仕事がコンピューターに代わられる」ことは、現実世界で起こっています。

　日本の経済状況と財政の課題から、安定した将来設計はますます見えにくくなっていきます。さらに、技術革新の流れが追い打ちをかけてきて、（生活が安定していた）サラリーマンも、ワークライフの選択を余儀なくされるでしょう。

2 選択を迫られる ワークライフ戦略

　今まで以上に早いスピードで、労働環境が変わりつつあります。しかしながら、目の前の今日明日には、まだ大きな変化を感じません。それでも大きな波はしばらく水面下で醸成され、ある日突然、目の前に大波として私たちに襲いかかってくるということでしょう。

　では、そういう「将来不安な時代」に、明確な収入を確保していくにはどうすべきか。選択肢は次の4つです。

❶ 社内で勝ち残る条件

　すべての職業がなくなるわけではありません。当然、社内で必要な能力、スキルを持った人は、今後も継続的に働くことが可能です。

　ただ、その基準がどんどん厳しくなっていくだろうことは容易に予想がつきます。

　今後、普通に仕事をして、社内貢献が少ない人は、この「社内勝ち残りレース」から脱落するでしょう。そのために企業はより明確な人事評価基準を打ち出すようになります。

　社内において「あなたでなければならない理由」「あなたがいないと困る」ことを明確にアウトプット（目に見える成果物、形になっているノウハウなど）できるよう、努力すべきです。

❷ 転職で活路を見出す条件

　今の会社では自分の将来は見えないし、自分の能力もスキルも発揮できないと思うなら、早い段階で転職を決断すべきでしょう。

　しかし、転職成否の基準も、「転職先でどんな具体的な貢献ができるか」

がカギになります。現在は、目先の「人材獲得競争」激化で、容易に転職できる状況ですが、これもそう長くは続かないでしょう。企業側も「人手」は必要なく、真に役立つ「人材」「人財」を求めています。

転職した先で、具体的なアウトプットを提供して貢献できないと、また違う転職先を探してそれを繰り返していくことになり、転職市場での自分の価値をどんどん下げていくことになります。

明確なスキルが身につくまで、転職は慎重であるべきです。

❸ 独立起業で成功する条件

「もう人に使われるのはこりごりだ」

「煩わしい人間関係から解放されたい」

「リスクもあるが、頑張った分だけサラリーマン以上の収入が欲しい」

と独立起業をする人も多いようです。

会社を立ち上げる起業家もいれば、技能を提供するフリーランスの人たちも増えています。

独立起業は、ハイリスク・ハイリターンです。万が一、病気になったり、主要取引先から切られたりすると、途端に人生設計に影響を及ぼします。

それでも、明確なスキル、アウトプット能力があり、顧客がいるなら、独立起業を目指すことは大いにアリですね。

❹ 副業のメリット

最近は、副業解禁の動きも出てきました。企業が副業を認める理由にはいくつかあります。

- 知見や人脈を広げることで、今の業務にフィードバックが可能
- 副業で多様な経験をすることで、社員のキャリアアップが可能
- 副業 OK の PR 効果で人材獲得がしやすくなる

等々あるようです。

3 このまま今の会社にいた場合のリスクと不透明感を明確化

　今、多くのサラリーマンは「職業人生（ワークライフ）戦略」の選択を迫られています。しかし、その場の勢いと思い込みで場当たり的な選択をすれば、後戻りが難しく、大変な後悔をすることになりかねません。せめて論理的で納得性のある「選択基準」のもと決断をしてほしいと思います。

　人生の戦略を考えるときに、「自分を取り巻く環境や自分自身を見える化」すると、いろいろな気づきが発見できます。例えば、転職を考えているときに有効な「メリット・デメリット表」です。

　まず、いろいろな条件を付けずに、考えられるものを思い浮かんだ順番に書いていきます。自分だけではなく配偶者や友人または社内の信頼できる人と一緒に議論しながら記述してもいいでしょう。表はその事例です。

　「今の会社に残るメリット・デメリット整理表」では、カテゴリーを「仕事」「収入」「健康」「家庭環境」と4つに分け、各カテゴリーにおけるメリット・デメリット、そして考えられる具体的な内容や思いを記載します。

　仕事面は、仕事の内容やスキル、将来性、人間関係などを具体的に記載します。

　収入面では、今後の収入予測から、子どもの教育費や住宅購入などの支出予定、退職金、配偶者の収入などでメリット・デメリットを記載します。

　健康面では、福利厚生やストレス、メンタル、健康管理の時間がとれるかどうかなどのメリット・デメリットを記載します。

　家庭環境面では、通勤の問題、転勤、子育て、親の介護、家族の理解などのメリット・デメリットを記載します。

　記入した結果、「会社に残るほうがトータルとしてよい」のか、「やはり将来的には、辞めたほうが未来が開ける」のかを判断します。

Chapter 1 先が見えない個人のライフプランを明確化─現実を知る

　そのとき、大事な「おカネ」の問題を避けては通れないので、それも考慮に入れた判断をしなければなりません。

今の会社に残るメリット・デメリット整理表

分類	今の会社に残るメリット	今の会社に残るデメリット
仕事面	● これまでのキャリアが活かせる ● 上司や同僚との人間関係が悪くない ● 10年後には役員にはなれないけれど、部長にはなれそう ● 自分のできる仕事は○○の専門家だから、他の人では代わりがきかない	● 今のキャリアはこの会社でしか使えない ● 社内人脈しかなく、社外を知らない ● 部長になっても、少しだけ役職手当が上がるが、それ以上にいろいろなプレッシャーやストレスが増える ● センサーによるビッグデータ化やシステムが進めば、素人でもできるようになり、自分のアドバンテージが下がる
収入面	● 給与は決して高くないが、転職しても給与は大きく変わらないなら、今のままでもよい ● 妻もパートで働いているので、生活は何とかなるから、辞める必要はない ● 定年まで勤めれば退職金が○○○万円もらえる	● 先輩の給与を見る限り、10年後の年収があまり上がらない ● 子どもの教育費、住宅購入を考えるともっと収入がある会社がいい
健康面	● 福利厚生が充実していて、提携スポーツジムや健康管理プログラムがある	● ○○の作業環境があまりよくなく、これから10年以上も続けると何らかの病気の可能性がある ● 社内の人間関係がそういいわけではない
家庭環境面	● 今の賃貸マンションから職場まで、通勤時間が30分と近い	● そろそろ転勤を命じられそうだが、転勤のない会社がいい ● 転勤を断ったら、人事評価に影響が出そう

17

4 個人のライフイベントと資金需要の明確化

人生設計と「おカネ」は必ずリンクします。その人の家庭環境や目標によって将来的な支出額は大きく異なります。

ライフイベントと資金需要（A氏、40歳）（金額：万円）

	年齢	2019年	2020年	2021年	2022年	2023年
家族	A氏	40歳	41歳	42歳	43歳	44歳
	奥さん	38歳	39歳	40歳	41歳	42歳
	子どもC	10歳	11歳	12歳	13歳	14歳
	子どもD	8歳	9歳	10歳	11歳	12歳
予定収入	A氏年収	480	510	520	530	540
	A氏手取	365	380	394	402	410
	奥さん年収	103	103	103	103	103
	奥さん手取	90	90	90	90	90
	夫婦手取 計	455	470	484	492	500
ライフイベント	自家用車	車購入	車ローン	車ローン	車ローン	車ローン
	住宅			住宅購入・引越	住宅ローン	住宅ローン
	自己啓発学習	能力開発・資格取得	能力開発・資格取得	能力開発・資格取得	能力開発・資格取得	能力開発・資格取得
	子どもC	塾通い	塾通い	塾通い	進学塾	進学塾
	子どもD	塾通い	塾通い	塾通い	塾通い	塾通い
	旅行	結婚10年海外旅行				
	親の介護					
ライフイベント支出	車ローン	48	48	48	48	48
	住宅ローン			696	96	96
	自己啓発学習	24	24	24	24	24
	子どもCの教育費	60	60	60	60	60
	子どもDの教育費	60	60	60	60	60
	旅行	50				
	親の介護支出					
	ライフイベント支出計	242	192	888	288	288
手取残り		213	278	− 404	204	212
固定支出	食費（外食込）	72	72	72	72	72
	水道光熱	36	36	36	36	36
	保険料	36	36	36	36	36
	服飾美容	20	20	20	20	20
	交際費	24	24	24	24	24
	小遣い	36	36	36	36	48
	通信費	24	24	24	24	24
	固定支出 計	248	248	248	248	260
ライフイベント＋固定支出 合計		490	440	1136	536	548
貯蓄可能額		− 35	30	− 652	− 44	− 48

※1　住宅ローン時に頭金500万円支出と仮定
※2　子どもの大学の学費は私立文系で年間100万円と仮定
※3　子どもの塾は運動と文系を2つ以上掛け持つと仮定

18

Chapter 1　先が見えない個人のライフプランを明確化─現実を知る

　例えば、高騰が続く教育費、将来の住宅購入費、親の介護にかかわる支出、自己のスキルアップ費用、海外旅行、車購入費等々……年齢とともに収入・支出の構成、その大小が大きく変わってきます。

　そこで、まず今後10年間の自分の年齢、家族の年齢とともに、どんなライフイベントが予定されているかを書き出し、そのときにいくらぐらいの支出があり、そのためにはいくらの貯蓄が必要か ── つまり、必要収入はいくらか、不足分を銀行借入するとしても……というように一覧表に書き出します。

2024年	2025年	2026年	2027年	2028年	2029年
45歳	46歳	47歳	48歳	49歳	50歳
43歳	44歳	45歳	46歳	47歳	48歳
15歳	16歳	17歳	18歳	19歳	20歳
13歳	14歳	15歳	16歳	17歳	18歳
550	560	570	580	590	600
416	422	430	439	442	451
103	103	103	103	103	103
90	90	90	90	90	90
506	512	520	529	532	541
住宅ローン	住宅ローン	住宅ローン	住宅ローン	住宅ローン	住宅ローン
能力開発・資格取得	能力開発・資格取得	能力開発・資格取得	能力開発・資格取得	能力開発・資格取得	能力開発・資格取得
進学塾	受験塾	受験塾	受験塾	大学受験と学資	学資
進学塾	進学塾	進学塾	受験塾	受験塾	受験塾
結婚15年海外旅行					結婚20年海外旅行
				親の介護費用	親の介護費用
96	96	96	96	96	96
24	24	24	24	24	24
60	60	60	60	150	100
60	60	60	60	60	60
50					50
				20	20
290	240	240	240	350	350
216	272	280	289	182	191
72	72	72	72	72	72
36	36	36	36	36	36
36	36	36	36	36	36
20	20	20	20	20	20
24	24	24	24	24	24
48	48	48	48	48	48
24	24	24	24	24	24
260	260	260	260	260	260
550	500	500	500	610	610
－44	12	20	29	－78	－69

5 まさかの収入減（倒産、転職）と将来の準備

　人生には波があります。大手企業のサラリーマンだからといって収入が確保され、将来の安定が保証されているわけではありません。経営者の交代、リストラや倒産、出向や転籍、または M&A によって会社そのものの売却や吸収合併など、リスクは常につきまといます。

　そのとき、慌てふためくのではなく、どんな状況になっても、「切られない自分づくり」「捨てられない自分づくり」をしておくべきです。

　前にも述べたように、現代は、正社員であっても会社が将来を保証してくれる時代ではありません。

　したがって、そのようなリスクに備えて転職や独立起業、あるいは副業を前提として、スキルアップ、経験と実績づくりや、収入につながる資格取得を目指すべきです。

　そういった準備をしていれば、「この会社をいつ辞めてもよい」という覚悟ができます。

　また、どこでも通用するスキル、ノウハウ、実績、経験を積む努力を続けることで、転職や副業の選択肢が大幅に広がりますし、結果的にスキルアップしたあなたを会社が評価し、それが逆に「今の会社が求める人材」につながっていき、今の会社であっても昇進昇格、収入増になる可能性も広がるのです。

Chapter 1 先が見えない個人のライフプランを明確化—現実を知る

⑥ どのスキルが他社でも通用する かでキャリアアップを検討

　キャリアアップを考えるときに重要なことがあります。あなたの目指しているスキルの内容です。つまり、今の職場でしか使えないスキルでは、その会社が必要としなくなったり、会社そのものが倒産してしまったら役に立たなくなってしまいます。

　スキルアップやキャリアアップを考えるのであれば、他社でも有効に使えるスキル、アウトプットできるものを検討し、その獲得のための計画を立てるようにしましょう。

　多くの人が誤解しているのが、「資格さえ取っていれば、どこの会社でも通用する」ということです。

　たしかに、資格はないよりはあったほうがいいのですが、大事なことは、その資格を活かして、あなたがどんな仕事をして、どんな貢献をすることができるかです。

　例えば、転職での採用面接の際に、採用する側（経営側）は、その資格によって何を成し遂げてきたか、どんなものを前職で提供してきたかという実績を聞いてきます。

　単なる「資格マニア」では評価されないわけです。

　本書では、個人の『強み』や、目指す方向性にあったスキルアップ、実績、経験、該当する資格などを、思いつきや感覚ではなく、論理的に導くノウハウを紹介していきます。引き続き、Chapter 2 以降をお読みください。

MEMO

Chapter 2

ビジネスで使う SWOT分析を 個人に活用する

① そもそも SWOT分析って何？

　SWOT分析は、今から約70年前、アメリカのスタンフォード大学の研究者により、企業評価のための戦略ツールとして開発されたものです。

　現在、企業だけでなく、自治体やNPO、病院や介護施設など、いろいろな分野で活用されています。

　パーソナルSWOT分析について説明する前に、SWOT分析の基本的なスキームと手法について理解することはとても重要です。このスキームと手法が理解できないと、SWOT分析全体のイメージが湧かないので、あえて「企業戦略」の場合の説明をします。

　個人のワークライフ戦略においても基本は同じですが、「機会」「脅威」「強み」「弱み」のヒントが個人のワークライフ戦略用に代わります。詳細はChapter 2の3で紹介します。

　SWOT分析では、図のように、Strengths（＝強み）、Weaknesses（＝弱み）、Opportunity（＝機会）、Threat（＝脅威）の４つをバランスよく分析します。また、図に示したように、「機会分析」「脅威分析」を外部環境分析、「強み」「弱み」を内部要因分析といいます。

　このSWOT分析が現在も使い続けられている理由は、外部環境と内部要因をバランスよく見ることができるからです（多くの分析手法は、外部環境偏重だったり、内部要因偏重が多い）。

　SWOT分析では、この「外部環境」と「内部要因」を掛け合わせて、具体的な戦略や戦術を抽出していきます。これを「クロス分析」といいます。その掛け合わせで「積極戦略」「致命傷回避・撤退縮小戦略」「改善戦略」「差別化戦略」を導きます。

Chapter 2 ビジネスで使う SWOT 分析を個人に活用する

■ SWOT クロス分析（イメージ）

		強み（Strengths）	弱み（Weaknesses）
内部要因		良い点ではなく、「機会」に使える「強み」となる具体的な経営資源（ノウハウ、人材、機能、設備、外部ネットワーク、システム等）	悪い点ではなく、せっかくの「機会」があっても、自社の経営資源がなく、それを取りに行けないので何とか克服しなければならない具体的な不足箇所
外部環境	機会（Opportunity） ニッチ市場、ニッチニーズの可能性や今後の伸びしろ、新たなニーズ等を「機会」という	【機会】×【強み】＝【積極戦略】 ●即実行する戦略や具体策 ●重点方針や突破口になる戦略 ●人員も費用もかけて取り組む戦略	【機会】×【弱み】＝【改善戦略】 ●市場攻略のネックになっている「弱み」克服まで複数年かける戦略や具体策 ●「弱み」克服のため、自社だけでムリなら、コラボや提携の戦略
	脅威（Threat） 自社の努力ではどうしようもない、市場環境の悪化、競合激化、行政等からの制限などを「脅威」という	【脅威】×【強み】＝【差別化戦略】 ●じり貧市場でも他社のシェアを奪い圧倒的ナンバーワンになる戦略 ●ライバルがお手上げになるまでの我慢戦略 ●「強み」があっても「撤退する」	【脅威】×【弱み】＝【致命傷回避・撤退縮小戦略】 ●その市場からの撤退、リストラ型の戦略の意思決定 ●やめる商品、やめる顧客の具体策 ●事業仕分け、戦略の絞り込み

25

② SWOT 分析で何がわかる?

　まず外部環境の「機会分析」で、今後どの分野が成長するか、どんなニーズが生まれるか、どこをターゲットにすればいいかを書き出します。

■ SWOT クロス分析【積極戦略】のイメージ

		機会（O）
外部環境	〈1〉	同業者や異業種を参考にして、高付加価値のニーズに対応した「高価格商品」を実現するには、どんな具体的な商材・サービスを開発または開拓すれば可能か
	〈2〉	現在の商材に対して、サービスや機能、容量、頻度、手間を大幅に減らし、デフレに応じてどういう「低価格商材」を実現すれば、販売チャンスが広がるか
	〈3〉	クラウド、web、facebook、ツイッター等、SNS のさらなる普及をどう利用すれば、販売増になるか
	〈4〉	現在の市場（営業地域）だけでなく、地域外、海外などにエリア拡大すれば、どういうチャンスがあるか（販売面や調達面も含めて）
	〈5〉	Web を活用して、通販、直販、顧客との直接のネットワークを構築すれば、さらにどんなビジネスチャンスの拡大が可能か
	〈6〉	顧客との共同開発、OEM（相手先ブランドによる製造）等、顧客との相互取り組みによるチャンスはどういうものが可能か

特に重要なのは、「ニッチ市場・ニッチカテゴリー」を発見することです。ニッチとは「隙間」のことで、皆が注目している市場や分野ではなく、目立たず、小さい市場だけど、確実にニーズがある分野です。

そして、「機会分析」で生まれた今後の可能性やニッチニーズに、その企業が持っている「強み」を掛け合わせることで、「積極戦略」を導き出し、ここで圧倒的なナンバーワン戦略や生き残り戦略が生まれます。

内部要因		
強み（S）		
A	「機会」の市場・顧客ニーズに対応できる技術全般（技術スタッフ、技術面）の「強み」は何か	
B	顧客に安心感を与えるアフターサービス方針や体制、機能としての「強み」は何か	
C	他社より抜きん出ている固有ノウハウ（生産技術・販売面・性能機能面・体制面等）は何か。また「強み」に活かせる取り扱い製品の価値転換の可能性は何か	
D	他社では取り扱えない、商品取扱の権利（特約店や専売地域）としての「強み」は何かあるか	
E	特に強い顧客層・エリアはどこか。それはなぜ「強い」のか	
F	他社との差別化につながる顧客への営業支援機能（ＩＴ、情報サービス、営業事務、バックアップ体制等）での「強み」は何か	
組合せ番号	【積極戦略】自社の強みを活かして、さらに伸ばしていく対策。または積極的に投資や人材配置して他社との競合で優位に立つ戦略	左記対策を実施した場合の概算数値（売上増減、利益改善、経費増減、件数増減、％増減等）
〈2〉- B	●即実行する戦略や具体策 ●重点方針や突破口作戦になる戦略 ●人員も費用もかけて取り組む戦略	
〈5〉- E		●即実行する戦略や具体策 ●重点方針や突破口作戦になる戦略 ●人員も費用もかけて取り組む戦略

反面、「脅威分析」で自社に置かれた環境がますます厳しくなり、今後か
なり苦戦を強いられる状況になるのが予想されるうえに、さらにその企業の
「弱み」がネックになり、どうやっても「ムリ」と判断されたら、「致命傷回
避・撤退縮小戦略」として、「やめる」「減らす」決断をします。
　ちなみに、一般的な SWOT クロス分析では、この箇所を「専守防衛・撤

■ SWOT クロス分析【致命傷回避・撤退縮小戦略】のイメージ

		脅威（T）
外部環境	①	顧客（消費者）からの「サービス面」「スピード対応要求」の圧力やニーズは、どういう点が自社の「脅威」となりうるか
	②	技術革新による代替品や低価格の輸入品等による「脅威」は、具体的にどういうものがあるか
	③	自社の営業地域・マーケットの人口動態やライフスタイルの変化で「脅威」になるとしたらどういうことか
	④	競合他社の動きで警戒すべき「脅威」になることは何か
	⑤	外注先・仕入先の動向や要望で「脅威」になることは何か（値上げ、事業縮小・廃業、サービス縮減、品質問題等）
	⑥	直販、通販、ネット販売等の直接販売の動きでは、どういう「脅威」的な展開が今後具体的に業績にマイナス影響するか

退戦略」と表現している場合が多いようですが、私は、どんなに脅威と弱み
が重なっても、その分野で戦うことしかできない企業なら、「致命傷回避の
ための対策を打つべき」という考えのもと、「致命傷回避・撤退縮小戦略」
と表現しています。

内部要因		
弱み（W）		
a	競合社と比較して、自社が明らかに負けている点（ヒト、モノ、カネ、技術、情報、効率、社内環境等）は何か	
b	顧客ニーズに対応していない点は何か。その結果、どういう現象が起こっているか	
c	顧客開拓、企画力での弱みは何か	
d	業績悪化につながっている弱みは何か	
e	商品力、開発力での弱みは何か	
f	サービス力での弱みは何か	
組合せ番号	【致命傷回避・撤退縮小戦略】自社の弱みが致命傷にならないようにするにはどうすべきか。またはこれ以上傷口を広げないために撤退縮小する対策は何か	左記対策を実施した場合の概算数値（売上増減、利益改善、経費増減、件数増減、％増減等）
③—C	●リストラ型の戦略の意思決定 ●やめる商品、やめる顧客の具体化 ●事業仕分け、戦略の絞り込み	
⑥—D		●リストラ型の戦略の意思決定 ●やめる商品、やめる顧客の具体化 ●事業仕分け、戦略の絞り込み

また、「機会」として、今後の可能性があるのもかかわらず、自社の「弱み」が災いして、その可能性を狙えない場合、「改善戦略」として、まず3年ぐらいかけて「弱み克服」の内部対策に重点を置きます。

■ SWOTクロス分析【改善戦略】のイメージ

		機会（O）
外部環境	〈1〉	同業者や異業種を参考にして、高付加価値のニーズに対応した「高価格商品」を実現するには、どんな具体的な商材・サービスを開発または開拓すれば可能か
	〈2〉	現在の商材に対して、サービスや機能、容量、頻度、手間を大幅に減らし、デフレに応じてどういう「低価格商材」を実現すれば、販売チャンスが広がるか
	〈3〉	クラウド、web、facebook、ツイッター等、SNSのさらなる普及をどう利用すれば、販売増になるか
	〈4〉	現在の市場（営業地域）だけでなく、地域外、海外などのエリア拡大をすれば、どういうチャンスがあるか（販売面や調達面も含めて）
	〈5〉	Web活用して、通販、直販、顧客との直接のネットワークを構築すれば、さらにどんなビジネスチャンスの拡大が可能か
	〈6〉	顧客との共同開発、OEM（相手先ブランドによる製造）等、顧客との相互取り組みによるチャンスはどういうものが可能か

Chapter 2 ビジネスで使う SWOT 分析を個人に活用する

内部要因		
弱み（W）		
a	競合社と比較して、自社が明らかに負けている点（ヒト、モノ、カネ、技術、情報、効率、社内環境等）は何か	
b	顧客ニーズに対応していない点は何か。その結果、どういう現象が起こっているか	
c	顧客開拓、企画力での弱みは何か	
d	業績悪化につながっている弱みは何か	
e	商品力、開発力での弱みは何か	
f	サービス力での弱みは何か	
組合せ番号	【改善戦略】自社の弱みを克服して、事業機会やチャンスの波に乗るには何をどうすべきか	左記対策を実施した場合の概算数値（売上増減、利益改善、経費増減、件数増減、％増減等）
〈2〉- c	●市場攻略のネックになっている「弱み」克服まで3年かける戦略や具体策 ●「弱み」克服のため、自社だけでムリなら、コラボや提携の戦略	
〈5〉- e	●市場攻略のネックになっている「弱み」克服まで3年かける戦略や具体策 ●「弱み」克服のため、自社だけでムリなら、コラボや提携の戦略	

外部環境分析では厳しい経営環境なのに、自社はその分野では「強み」がある場合は、「差別化戦略」を考え、撤退するか、同業者が撤退していくのを横目に、さらに拡大して圧倒的なナンバーワンを狙うか、などの戦略を決めます。

■ SWOT クロス分析【差別化戦略】のイメージ

		脅威（T）
外部環境	①	顧客（消費者）からの「サービス面」「スピード対応要求」の圧力やニーズは、どういう点が自社の「脅威」となりうるか
	②	技術革新による代替品や低価格の輸入品等による「脅威」は、具体的にどういうものがあるか
	③	自社の営業地域・マーケットの人口動態やライフスタイルの変化で「脅威」になるとしたらどういうことか
	④	競合他社の動きで警戒すべき「脅威」になることは何か
	⑤	外注先・仕入先の動向や要望で「脅威」になることは何か（値上げ、事業縮小縮小・廃業、サービス縮減、品質問題等）
	⑥	直販、通販、ネット販売等の直接販売の動きでは、どういう「脅威」的な展開が今後具体的に業績にマイナス影響するか

32

Chapter 2 ビジネスで使う SWOT 分析を個人に活用する

　このように SWOT 分析は、同じ業種で外部の経営環境が同じでも、各社の「強み」「弱み」に応じて、作戦が異なっていくのです。だから、SWOT 分析は、自社オリジナルの戦略、独自の差別化対策の中身が見えてくるという分析手法なのです。

内部要因		
強み（S）		
A	「機会」の市場・顧客ニーズに対応できる技術全般（技術スタッフ、技術面での優位）の「強み」は何か	
B	顧客に安心感を与えるアフターサービス方針や体制、機能としての「強み」は何か	
C	他社より抜きん出ている固有ノウハウ（生産技術・販売面・性能機能面・体制面等）は何か。また「強み」に活かせる取り扱い製品の価値転換の可能性は何か	
D	他社では取り扱えない、商品取扱の権利（特約店や専売地域）としての「強み」は何があるか	
E	特に強い顧客層・エリアはどこか。それはなぜ「強い」のか	
F	他社との差別化につながる顧客への営業支援機能（ＩＴ、情報サービス、営業事務、バックアップ体制等）での「強み」は何か	
組合せ番号	【差別化戦略】自社の強みを活かして、脅威をチャンスに変えるには何をどうすべきか	左記対策を実施した場合の概算数値（売上増減、利益改善、経費増減、件数増減、％増減等）
③—B	●じり貧市場でも他社のシェアを奪い、圧倒的ナンバーワンになる戦略 ●ライバルがお手上げになるまでの我慢戦略 ●「強み」があっても「撤退する」戦略	
⑥—E		●じり貧市場でも他社のシェアを奪い、圧倒的ナンバーワンになる戦略 ●ライバルがお手上げになるまでの我慢戦略 ●「強み」があっても「撤退する」戦略

33

3 パーソナル SWOT 分析による 最強の自分づくり

　これまで SWOT 分析は、ビジネス（仕事や職場）で使うツールとしての活用がメインでしたが、SWOT 分析の考え方を転用すれば、個人の生き方や個人のブランディング、転職、独立起業にも十分適用できると思います。

　そこで筆者は、「パーソナル SWOT 分析」という考え方およびそのメソッドを考え出しました。

　パーソナル SWOT 分析では、会社や職場の方針、具体的な戦略、転職したい企業や起業する分野に関連して、求められている行動やスキルを「機会」として捉えます。

　そこに自分の持ち味や技能という「強み」をぶつけて、「自分の積極戦略」を打ち立てることで、社内や組織に対しての、あるいは転職のための自分の PR 内容、起業後の自分の「立ち位置」や「ナンバーワン貢献項目（USP ＝ Unique Selling Proposition、自分独自のウリ）」がハッキリしてきます。

　社内や組織の中で、自分の立ち位置や、会社を辞めたいが辞めても次の方向性がよくわからず、悶々としているビジネスパーソンは多いことでしょう。

　そして早計に判断して、「もっと自分自身が輝ける場所があるはず」と、退職したり、転職したりします。

　その結果、よい方向に行けばいいのですが、現実は厳しくなるばかりという人も多いのではないでしょうか？

　そこで、パーソナル SWOT 分析の活用です。

　まず、離職や転職を考えている場合、今の職場で、「会社や組織が求め

ている戦略実現に必要なスキルやノウハウ、経験、知識」を知り、「自分の持ち味や技能」という「強み」をぶつけて、「自分オリジナル戦略」を立て、それに集中したほうが安易に転職するよりベターだと思います。

今後、この会社で「具体的にどのように貢献できるか」「どのジャンルで目立つか」「第三者からどういう評価を受けるか」を明らかにするのが、この「パーソナルSWOT分析」です。

もうひとつは、自己のブランディングの確立です。

今の会社では「自分ブランディング」が打ち出せず、また将来もないと判断したら、今後の就職や転職、起業、独立するときにこのパーソナルSWOT分析を使います。

「自分とは何者か？」「自分が他の人と何が違うのか？」を明確にできる「自分ブランディング」があれば、自信をもって新たな世界で活躍できる可能性が高くなります。

感覚的に情緒的に「自分らしさとは何か？」をいかに考えても、なかなか答えは出ないかもしれません。

そんなときに、『戦略的に』『論理的』に「自己のブランディング」を確立させることで自分らしさを見出すパーソナルSWOT分析は、大変有効なメソッドです。

パーソナルSWOT分析のイメージは次表のようなものです。

なお、ここで考察するのは前向きな人生戦略なので、「脅威」「弱み」は省くことにします。

「脅威」は、外部環境がいかに悪くなるかを予想するものですが、すでに将来悪くなる可能性についてはある程度顕在化しているものです。今さら、いかに悪くなるかを考えてもあまり生産的とは言えません。むしろ、将来を悲観してネガティブ思考になるだけです。

また「弱み」については本人が一番わかっているはずです。「弱み」を克服していくのも大事ですが、苦手なことや弱みはそうそう「強み」には変わりません。また、「弱み」についていろいろ考えると、どうしても自信喪失傾向になります。あまり時間をとらないほうがよいでしょう。

■パーソナル SWOT 分析のイメージ

（機会×強み＝積極戦略）

（機会×弱み＝改善戦略）

	機会（Opportunity）
外部環境	より高い報酬を得るための「会社が求める機能や技能」「転職先が欲しているスキル、機能」「独立起業分野でのニーズ」

Chapter 2 ビジネスで使う SWOT 分析を個人に活用する

内部要因	
強み（Strengths）	弱み（Weaknesses）
自分の具体的な実績、経験、スキル、資格など（人格的・性格的なこと以外で「機会」に活かせる具体的な機能やスキル）	悪い点ではなく、せっかくの「機会」があっても、自身のスキル・実績・経験・資格などが不足していれば、それを取りに行けない。何とか克服しなければならない具体的な不足箇所
【機会】×【強み】＝【積極戦略】	【機会】×【弱み】＝【改善戦略】
●他者とは違う圧倒的な「とんがり」箇所とそれを活かす業務、それをどう実績としてアウトプットするか ●会社方針、求められる特定機能やニーズで、「○○分野で、◇◇業務で、△△が一番なのはあなただよね」といわれるためには、何を具体化するか、何をアウトプットするか	●「機会」のある特定ニーズに対応するために、1〜3年間で努力し、具体的にアウトプットできる実績、スキル、資格取得の内容は何か（期限の明記） ●「機会」のある特定ニーズに対応するために、克服する苦手な課題と克服のための具体策の内容（期限の明記）

37

《パーソナル SWOT 分析の手順》

❶「機会分析」を行う

会社で勝ち残る場合の「機会分析」では、以下のことを検討します。

- 会社が今後、どんな方針や戦略で生き残りを図るのか
- その中で、自部門の社員にはどういう機能、スキルを求めるのか
- この会社でなくてはならないスキルは何か
- どういうスキルや知識を持てば、重宝がられるか

また、「転職」を選ぶ場合の「機会分析」では

- 転職先の業種は今後、どんなスキルや機能を求めるか
- 転職先の業種や企業で不足しているのは、どういう特性や経験、スキル、資格のある人材か

などから考えます。

「独立起業」を選ぶ場合の「機会分析」は、

- 独立したい業種、職種の今後のニーズは何か
- 独立したい業種、職種のクライアントは今、何に困っているか、何をPR すれば差別化できるか
- 独立したい業種、職種で、自分が知っている人でうまくいっている人は、何をして、なぜ評価されているか

などから考えます。

❷「強み分析」を行う

「強み分析」とは、社内や転職、独立起業で発揮できる強みであり、「機会分析」で出た項目に対して使える「自分の強み」としてピックアップします。主に「自身の具体的な実績、経験、スキル、資格、技能、保有物」などの具体的なものです。ここでは、人格や性格に関する属人的な評価は、「良い点」であり、「強み」とは見ません。

❸「弱み分析」を行う

前述のように、本来、「弱み分析」はほどほどにしたいところです。しかし、

どうしても「機会に活かせる強みがない」場合は、機会に具体的に使えない「弱み」を明らかにすることで、時間をかけて「弱み克服」をする必要があります。

「弱み」は、「悪い点」ではありません。せっかくの「機会」（可能性）があっても、自身のスキル・実績・経験・資格などの不足で、機会をつかみにいけないので、何とか克服しなければならない自身の具体的な能力不足箇所を明らかにします。

❹「積極戦略」を導く

前記の①②③の事項を明らかにして具体的に記載したら、パーソナルSWOT分析の肝である、**「機会」×「強み」＝「積極戦略」**を出します。

「積極戦略」は、「機会の○番」と「強みの○番」を掛け合わせて、「○○分野で、◇◇業務で、△△が一番なのはあなただよね」と言われるために、**「何を具体化するか、何をアウトプットするか」**を具体的に記します。ここが、「自己ブランディング」の核心部分です。

❺「改善戦略」を整理する

「機会」×「弱み」＝「改善戦略」は、③の「弱み」があったとしても、

- 「機会」のある特定ニーズに対応するために、この1～3年間で努力し、具体的にアウトプットする実績、スキル、資格取得をする内容（期限を明記）
- 「機会」のある特定ニーズに対応するために、克服する苦手な課題と克服のための具体策の内容（期限の明記）

を整理します。

これといった積極戦略が抽出できず、改善戦略がメインの場合は、転職や独立起業はじっくり考える必要があります。

MEMO

Chapter 3

パーソナルSWOT分析
の前に
「現状認識」

1 年収10万円上昇すれば悪くない時代の賃金

Chapter 1で、個人のライフイベントや資金需要を整理しました。

現状のサラリーマンの延長線上での収入の上昇は「悲観的」に見ることが重要です。

なぜなら、サラリーマンの給与所得がここ10年ほとんど伸びていないからです（統計データには、非正規雇用者が増えたこともありますが)。

そこで、ある地方の中小企業の例を紹介します。

22歳で就職した人の初年度の年収が260万円だとして、平均の昇給率2％で計算すると、30年経って52歳になったときの年収は580万円（賞与年4か月、役職手当も追加、時間外手当は除外と仮定）になります。

次表の数字を見ると、「かなり低い給与」と思っている大企業や都会の中堅企業のビジネスパーソンも多いことでしょう。

しかし、地方の中小企業はこんな感じが多いのも事実です。地方では"いいほう"でしょう。もちろん、夫婦共働き、家賃が安い、などの環境もありますが……。

右の表を見てもらうと、年収の推移は、大卒後33年間勤めて、初任給（年収）の2.36倍です。仮に65歳まで定年が伸びたとしても、昇給どころか、減給になることのほうが多いでしょう。

これが、今の会社（地方の中小企業）で、普通に頑張った結果の年収です。

これに満足できる人はそれでもいいでしょうが、満足できない人は、「新たな職業人生戦略」を考える必要があります。

仮に満足できる場合でも、普通に頑張る社員では、今後はこのような昇給テーブルが当てはまらない場合があることも考慮に入れておく必要があります。

Chapter 3 パーソナルSWOT分析の前に「現状認識」

平均賃金伸び率

(単位：円)

	給与	役職手当	賞与	年収
22 歳	200,000	0	200,000	2,600,000
23 歳	204,000	0	816,000	3,264,000
24 歳	208,080	0	832,320	3,329,280
25 歳	212,242	0	848,966	3,395,866
26 歳	216,486	0	865,946	3,463,783
27 歳	220,816	0	883,265	3,533,059
28 歳	225,232	0	900,930	3,603,720
29 歳	229,737	10,000	918,949	3,795,794
30 歳	234,332	10,000	937,328	3,869,310
31 歳	239,019	10,000	956,074	3,944,296
32 歳	243,799	10,000	975,196	4,020,782
33 歳	248,675	10,000	994,699	4,098,798
34 歳	253,648	20,000	1,014,593	4,298,374
35 歳	258,721	20,000	1,034,885	4,379,541
36 歳	263,896	20,000	1,055,583	4,462,332
37 歳	269,174	20,000	1,076,695	4,546,779
38 歳	274,557	20,000	1,098,229	4,632,914
39 歳	280,048	20,000	1,120,193	4,720,773
40 歳	285,649	20,000	1,142,597	4,810,388
41 歳	291,362	30,000	1,165,449	5,021,796
42 歳	297,189	30,000	1,188,758	5,115,032
43 歳	303,133	30,000	1,212,533	5,210,132
44 歳	309,196	30,000	1,236,784	5,307,135
45 歳	315,380	30,000	1,261,519	5,406,078
46 歳	321,687	30,000	1,286,750	5,506,999
47 歳	328,121	30,000	1,312,485	5,609,939
48 歳	334,684	30,000	1,338,734	5,714,938
49 歳	341,377	30,000	1,365,509	5,822,037
50 歳	348,205	30,000	1,392,819	5,931,277
51 歳	355,169	0	1,420,676	5,682,703
52 歳	362,272	0	1,449,089	5,796,357
53 歳	369,518	0	1,478,071	5,912,284
54 歳	376,908	0	1,507,632	6,030,530
55 歳	384,446	0	1,537,785	6,151,140

※1　年率 2％昇給と仮定
※2　役職手当は、主任、係長、課長で想定
※3　時間外手当や交通費は除外
※4　50 歳を超えた時点で役職定年となり、役職手当がなくなる
※5　賞与年間 4 か月が継続すると仮定
※6　地方の中小企業を想定

2 今の延長線上では厳しくなる「破局のシナリオ」を整理

Chapter 1 でライフイベントとその支出の一覧表を掲載しましたが、これを再掲して、具体的に家計の予想推移を見てみましょう。

ライフイベントと資金需要（A 氏、40 歳）(金額：万円)

	年齢	2019 年	2020 年	2021 年	2022 年	2023 年
家族	A 氏	40 歳	41 歳	42 歳	43 歳	44 歳
	奥さん	38 歳	39 歳	40 歳	41 歳	42 歳
	子ども C	10 歳	11 歳	12 歳	13 歳	14 歳
	子ども D	8 歳	9 歳	10 歳	11 歳	12 歳
予定収入	A 氏年収	480	510	520	530	540
	A 氏手取	365	380	394	402	410
	奥さん年収	103	103	103	103	103
	奥さん手取	90	90	90	90	90
	夫婦手取 計	455	470	484	492	500
ライフイベント	自家用車	車購入	車ローン	車ローン	車ローン	車ローン
	住宅			住宅購入・引越	住宅ローン	住宅ローン
	自己啓発学習	能力開発・資格取得	能力開発・資格取得	能力開発・資格取得	能力開発・資格取得	能力開発・資格取得
	子ども C	塾通い	塾通い	塾通い	進学塾	進学塾
	子ども D	塾通い	塾通い	塾通い	塾通い	塾通い
	旅行	結婚 10 年海外旅行				
	親の介護					
ライフイベント支出	車ローン	48	48	48	48	48
	住宅ローン			696	96	96
	自己啓発学習	24	24	24	24	24
	子ども C の教育費	60	60	60	60	60
	子ども D の教育費	60	60	60	60	60
	旅行	50				
	親の介護支出					
	ライフイベント支出計	242	192	888	288	288
	手取残り	213	278	− 404	204	212
固定支出	食費 (外食込)	72	72	72	72	72
	水道光熱	36	36	36	36	36
	保険料	36	36	36	36	36
	服飾美容	20	20	20	20	20
	交際費	24	24	24	24	24
	小遣い	36	36	36	36	48
	通信費	24	24	24	24	24
	固定支出 計	248	248	248	248	260
ライフイベント＋固定支出 合計		490	440	1136	536	548
	貯蓄可能額	− 35	30	− 652	− 44	− 48

※ 1　住宅ローン時に頭金 500 万円支出と仮定
※ 2　子どもの大学の学費は私立文系で年間 100 万円と仮定
※ 3　子どもの塾は運動と文科系を 2 つ以上掛け持つと仮定

44

Chapter 3 パーソナルSWOT分析の前に「現状認識」

　A氏は40歳、奥さんが2つ下の38歳、子どもが2人、それぞれ10歳、8歳です。A氏と奥さんの手取りを合わせれば年間455万円、これにライフイベントや固定の支出をして、残った金額を貯蓄にまわせるとします。

　住宅ローンの頭金の500万円はイレギュラーですが、それにしても、贅沢をしなくても、ほぼ貯蓄ができないことがわかります。

　今の状況では夫婦共働きでも、子どもを大学に入れて、住宅を持つとしたら、ゆとりの老後なんて夢のまた夢だということがわかります。

2024年	2025年	2026年	2027年	2028年	2029年
45歳	46歳	47歳	48歳	49歳	50歳
43歳	44歳	45歳	46歳	47歳	48歳
15歳	16歳	17歳	18歳	19歳	20歳
13歳	14歳	15歳	16歳	17歳	18歳
550	560	570	580	590	600
416	422	430	439	442	451
103	103	103	103	103	103
90	90	90	90	90	90
506	512	520	529	532	541
住宅ローン	住宅ローン	住宅ローン	住宅ローン	住宅ローン	住宅ローン
能力開発・資格取得	能力開発・資格取得	能力開発・資格取得	能力開発・資格取得	能力開発・資格取得	能力開発・資格取得
進学塾	受験塾	受験塾	受験塾	大学受験と学資	学資
進学塾	進学塾	進学塾	受験塾	受験塾	受験塾
結婚15年海外旅行					結婚20年海外旅行
				親の介護費用	親の介護費用
96	96	96	96	96	96
24	24	24	24	24	24
60	60	60	60	150	100
60	60	60	60	60	60
50					50
				20	20
290	240	240	240	350	350
216	272	280	289	182	191
72	72	72	72	72	72
36	36	36	36	36	36
36	36	36	36	36	36
20	20	20	20	20	20
24	24	24	24	24	24
48	48	48	48	48	48
24	24	24	24	24	24
260	260	260	260	260	260
550	500	500	500	610	610
− 44	12	20	29	− 78	− 69

3 このままサラリーマンを継続すべきか？　それとも……

　この会社で働く限り、A氏のこの状況はほぼ確定します。

　もし、もっと年収が欲しいと思うのであれば、次のような4つの選択

ライフイベントと資金需要（A氏40歳、奥さんが正社員の場合）（金額：万円）

	年齢	2019年	2020年	2021年	2022年	2023年
家族	A氏	40歳	41歳	42歳	43歳	44歳
	奥さん	38歳	39歳	40歳	41歳	42歳
	子どもC	10歳	11歳	12歳	13歳	14歳
	子どもD	8歳	9歳	10歳	11歳	12歳
予定収入	A氏年収	480	510	520	530	540
	A氏手取	365	380	394	402	410
	奥さん年収	300	300	300	300	300
	奥さん手取	240	240	240	240	240
	夫婦手取 計	605	620	634	642	650
ライフイベント	自家用車	車購入	車ローン	車ローン	車ローン	車ローン
	住宅			住宅購入・引越	住宅ローン	住宅ローン
	自己啓発学習	能力開発・資格取得	能力開発・資格取得	能力開発・資格取得	能力開発・資格取得	能力開発・資格取得
	子どもC	塾通い	塾通い	塾通い	進学塾	進学塾
	子どもD	塾通い	塾通い	塾通い	塾通い	塾通い
	旅行	結婚10年海外旅行				
	親の介護					
ライフイベント支出	車ローン	48	48	48	48	48
	住宅ローン			696	96	96
	自己啓発学習	24	24	24	24	24
	子どもCの教育費	60	60	60	60	60
	子どもDの教育費	60	60	60	60	60
	旅行	50				
	親の介護支出					
	ライフイベント支出計	242	192	888	288	288
	手取残り	363	428	− 254	354	362
固定支出	食費（外食込）	72	72	72	72	72
	水道光熱	36	36	36	36	36
	保険料	36	36	36	36	36
	服飾美容	20	20	20	20	20
	交際費	24	24	24	24	24
	小遣い	36	36	36	36	48
	通信費	24	24	24	24	24
	固定支出 計	248	248	248	248	260
ライフイベント＋固定支出 合計		490	440	1136	536	548
貯蓄可能額		115	180	− 502	106	102

※1　住宅ローン時に頭金500万円支出と仮定
※2　子どもの大学の学費は私立文系で年間100万円と仮定
※3　子どもの塾は運動と文科系を2つ以上掛け持つと仮定

Chapter 3 パーソナルSWOT分析の前に「現状認識」

肢が考えられます。

i　この会社での昇給スピードを上げる

ii　より給与の良い会社へ転職する

iii　独立起業して収入増を目指す

iv　会社が認めるなら副業をして収入を補填する

　他力本願になってしまいますが、もし奥さんに機会と意思があれば、正社員になってもらい、奥さんの年収を上げることで（300万円以上になれ

2024年	2025年	2026年	2027年	2028年	2029年
45歳	46歳	47歳	48歳	49歳	50歳
43歳	44歳	45歳	46歳	47歳	48歳
15歳	16歳	17歳	18歳	19歳	20歳
13歳	14歳	15歳	16歳	17歳	18歳
550	560	570	580	590	600
416	422	430	439	442	451
300	300	300	300	300	300
240	240	240	240	240	240
656	662	670	679	682	691
住宅ローン	住宅ローン	住宅ローン	住宅ローン	住宅ローン	住宅ローン
能力開発・資格取得	能力開発・資格取得	能力開発・資格取得	能力開発・資格取得	能力開発・資格取得	能力開発・資格取得
進学塾	受験塾	受験塾	受験塾	大学受験と学資	学資
進学塾	進学塾	進学塾	受験塾	受験塾	受験塾
結婚15年海外旅行					結婚20年海外旅行
			親の介護費用	親の介護費用	
96	96	96	96	96	96
24	24	24	24	24	24
60	60	60	60	150	100
60	60	60	60	60	60
50					50
				20	20
290	240	240	240	350	350
366	422	430	439	332	341
72	72	72	72	72	72
36	36	36	36	36	36
36	36	36	36	36	36
20	20	20	20	20	20
24	24	24	24	24	24
48	48	48	48	48	48
24	24	24	24	24	24
260	260	260	260	260	260
550	500	500	500	610	610
106	162	170	179	72	81

ば）、ゆとりが生まれ、貯蓄できる可能性も高まります。別表に示したように、今の生活水準なら相当ゆとりが出てきます。

　しかし、夫婦の年収が上がると支出もそれなりに増えて、増えた収入を全部貯蓄に回すことは現実的ではないと思います。
　ただ、ご主人を中心に考え、ⅰ～ⅳまでの選択肢をとるなら、それなりの努力が要求されます。
　要は、世間が求める能力とスキル、そしてそれなりの努力がないと、ⅰ～ⅳの実現は難しいということです。

Chapter 3 パーソナルSWOT分析の前に「現状認識」

4 もし、独立起業して 収入が増えれば……

　ここでは、配偶者の収入に依存することなく、今以上の収入増を図るために「独立起業」を目指す場合を考えます。

　そのためには、数年かけて、スキルアップや専門知識の吸収、実績づくり、資格取得などに努力しなければなりません。

　そこで、A氏のライフイベントや資金需要はそのままにして、「独立起業家」にふさわしい収入増計画を考えます。

　すると、このままサラリーマンを続けるよりも、生活にゆとりが出る可能性が出てきます。煩わしい人間関係からも解放され、好きなように仕事に取り組むことができます。ストレスも軽減するでしょう。

　また、自営業では、いろいろな支出も経費としてカウントされるので、可処分所得も増える可能性があります。

　反面、病気やケガをすればその間の収入減のリスクもあり、仕事が順調に受注できる保証もありません。退職金も自分で「小規模企業共済」などに加盟して手当しない限り、サラリーマンで定年を迎えるときのような多額の退職金はもらえません。

　当然ですが、独立起業すれば、資金繰りや個人借入、税務申告など、今まで経験しなかった業務も増えてきます。

　しかしながら、サラリーマンを続けていたとしても、昇給や賞与の保証があるわけではありませんし、いい年になってリストラされて路頭に迷う可能性さえあります。サラリーマンを続けるのもリスクなのです。また、組織のしがらみやプレッシャーから、強度のストレスで健康を害することもあるでしょう。

49

これからの時代、それらをトータルで考えて、独立起業を目指すメリットは、かなり大きいと思います。

一般に、独立起業で目指す最初の年収は1,000万円（売上ではなく、額面の個人収入）といわれています。サラリーマンなら、大手企業の管理職、中堅企業の役員クラスの年収です。今の40歳ぐらいの平均的なサラリーマンがもらえる年収ではありません。

ライフイベントと資金需要（独立起業した場合）（金額：万円）

	年齢	2019年	2020年	2021年	2022年	2023年
家族	A氏	40歳	41歳	42歳	43歳	44歳
	奥さん	38歳	39歳	40歳	41歳	42歳
	子どもC	10歳	11歳	12歳	13歳	14歳
	子どもD	8歳	9歳	10歳	11歳	12歳
	職場	現在の会社	現在の会社	現在の会社	現在の会社	現在の会社
収入（手取）	A氏年収	480	510	520	530	540
	A氏手取	365	380	394	402	410
	奥さん年収	103	103	103	103	103
	奥さん手取	90	90	90	90	90
	夫婦手取 計	455	470	484	492	500
ライフイベント	自家用車	車購入	車ローン	車ローン	車ローン	車ローン
	住宅			住宅購入・引越	住宅ローン	住宅ローン
	自己啓発学習	能力開発・資格取得	能力開発・資格取得	能力開発・資格取得	能力開発・資格取得	能力開発・資格取得
	子どもC	塾通い	塾通い	塾通い	進学塾	進学塾
	子どもD	塾通い	塾通い	塾通い	塾通い	塾通い
	旅行	結婚10年海外旅行				
	親の介護					
ライフイベント支出	車ローン	48	48	48	48	48
	住宅ローン			696	96	96
	自己啓発学習	24	24	24	24	24
	子どもCの教育費	60	60	60	60	60
	子どもDの教育費	60	60	60	60	60
	旅行	50				
	親の介護支出					
	ライフイベント支出計	242	192	888	288	288
	手取残り	213	278	−404	204	212
固定支出	食費（外食込）	72	72	72	72	72
	水道光熱	36	36	36	36	36
	保険料	36	36	36	36	36
	服飾美容	20	20	20	20	20
	交際費	24	24	24	24	24
	小遣い	36	36	36	36	48
	通信費	24	24	24	24	24
	固定支出 計	248	248	248	248	260
ライフイベント＋固定支出 合計		490	440	1136	536	548
貯蓄可能額		−35	30	−652	−44	−48

※1　住宅ローン時に頭金500万円支出と仮定
※2　子どもの大学の学費は私立文系で年間100万円と仮定
※3　子どもの塾は運動と文科系を2つ以上掛け持つと仮定

50

Chapter 3 パーソナルSWOT分析の前に「現状認識」

　独立起業によって、年収 1,000 万円の可能性はサラリーマンに比べて大きく高まります。ただし、本書で述べる「戦略」や明確な「差別化」をしない限り、その実現は難しいでしょう。

　仮に、さきほどの A 氏が独立起業して年収 1,000 万円を確保したと仮定すると、そのシミュレーションは下表のようになります。

2024 年	2025 年	2026 年	2027 年	2028 年	2029 年
45 歳	46 歳	47 歳	48 歳	49 歳	50 歳
43 歳	44 歳	45 歳	46 歳	47 歳	48 歳
15 歳	16 歳	17 歳	18 歳	19 歳	20 歳
13 歳	14 歳	15 歳	16 歳	17 歳	18 歳
独立起業	起業 2 年	起業 3 年	起業 4 年	起業 5 年	起業 6 年
400	500	600	700	800	1000
307	380	451	515	581	718
103	103	103	103	103	
90	90	90	90	90	
397	470	541	605	671	718
住宅ローン	住宅ローン	住宅ローン	住宅ローン	住宅ローン	住宅ローン
能力開発・資格取得	能力開発・資格取得	能力開発・資格取得	能力開発・資格取得	能力開発・資格取得	能力開発・資格取得
進学塾	受験塾	受験塾	受験塾	大学受験と学資	学資
進学塾	進学塾	進学塾	受験塾	受験塾	受験塾
結婚 15 年海外旅行					結婚 20 年海外旅行
				親の介護費用	親の介護費用
96	96	96	96	96	96
24	24	24	24	24	24
60	60	60	60	150	100
60	60	60	60	60	60
50					50
				20	20
290	240	240	240	350	350
107	230	301	365	321	368
72	72	72	72	72	72
36	36	36	36	36	36
36	36	36	36	36	36
20	20	20	20	20	20
24	24	24	24	24	24
48	48	48	48	48	48
24	24	24	24	24	24
260	260	260	260	260	260
550	500	500	500	610	610
－ 153	－ 30	41	105	61	108

なお、2024 年に独立しますが、その年は 1 年目ということもあり、収入減になります。

　その後、順調に年収を上げて独立 5 年後に念願の 1,000 万円の年収になるとします（ここまでは、事業経費で落とせる可処分所得がもっと増えるとか、扶養家族の数や各種控除とか、社保ではなく国民健康保険、介護保険など、細かいことはいったん考慮せず計算します）。

　年収 1,000 万円になることで、仮に奥さんがパート勤めを辞めたとしても、生活水準さえ大きく上げなければ、十分な貯蓄ができる可能性があります。

　独立起業にはリスクも伴いますが、自分の裁量と努力次第で収入はどうにでもコントロール可能です。「働き方改革」などの労働制限も、自営業者は自己管理で行えます。また、サラリーマン時代の面倒な社内の人間関係のストレスも多くありませんし、自分で自分の時間をコントロールすることができます。

　収入面だけでなく、そういうこともトータルで考えると「独立起業」という選択肢は、今後ますます増えていきそうに思えます。

パーソナルSWOT分析の目的は「自分のトンガリ」「自分らしさ」づくり

① 「他とは違う自分らしさ」の発見が難しい理由

本書では、「自分らしさ」「自分の個性」等を、「自分ポジショニング」「自分ブランディング」と表現しています。

「自分ポジショニング」とは、組織内や今後の職業人生における「立ち位置」はどこなのかを決めることです。

「自分ブランディング」とは、「自分の個性や立ち位置」を自他ともに認めるスキルとして磨きをかけていくことです。

「自分ポジショニング」も「自分ブランディング」も、「〇〇の分野や〇〇業務において、◇◇を使って、△△ができるといえば、あなたが最高よね」といわれることです。

多くの人が「自分ポジショニング」や「自分ブランディング」の確立を目指していますが、なかなか見出すことができず、右往左往しているのが現実です。

その一因として、「自分ポジショニング」「自分ブランディング」を作り上げるには、どういうメソッドがあるのか、いわゆる分析や戦略構築の方法を知らないことが挙げられます。

そのため、自分勝手な思い込みや、特定の人の意見に左右されて、無理やり「自分ポジショニング」「自分ブランディング」をしようとします。

しかし、それでは結果は出ません。その最大の理由は、USP（ユニーク・セリング・プロポジション；独自戦略）が「継続していない」からです。そして、継続できない理由は、心の奥底で納得していないからです。

なぜ、心の奥底で納得していないのか ── それは、そのポジショニングやブランディングが論理的ではないし、大きく捉え過ぎて、焦点が絞りきれていないからです。

② パーソナルSWOT分析の結果なら納得できる

パーソナルSWOT分析を使って、自己分析することで、論理的に「自分ポジショニング」「自分ブランディング」がイメージできるようになります。

前章でも述べたように、思い込みでも思いつきでもなく、外部環境の「機会」×内部要因の「強み」＝「独自の積極戦略」で見出されたものは「論理的な答え」だからです。

このパーソナルSWOT分析の目的は、「自分ポジショニング」「自分ブランディング」をしながら、

- ●「あなたの具体的なトンガリ箇所」
- ●「あなたのこの部分の仕事は最高」

といわれることをあぶり出すことです。

※トンガリ：ある特定部分だけをフォーカスして結果を出し続けること。

筆者が長年にわたってSWOT分析のコンサルティングをしている理由は、このSWOT分析で「独自の戦略」を見出した企業経営者たちが、SWOT分析検討会後に自信が湧き、笑顔になっていくのを見るのが好きだからです。

つまりそれは、SWOT分析の結果どおり実行すれば、未来が少し開けたとイメージできるからなのです。

このパーソナルSWOT分析は、「あなたはこうすべきです」「もっとこんなところを頑張ったらいいんじゃないかな」と指導を受けたり、アドバイスしてもらうことではありません。

そのメリットは、自ら冷静に分析し、自ら導き出した「論理的で自分の

強みが活かせること」、そして「好きなこと」に的を絞って、「なるほど、そうだ」と納得できることを発見することです。

　自分自身で「気づいたこと」「納得のいくこと」は、進んで行動もするし、継続もする。だから成功する確率が高くなるのです。

Chapter 4 パーソナルSWOT分析の目的は「自分のトンガリ」「自分らしさ」づくり

3 「トンガリづくり」が 自信づくりの源

あなたの周囲にいる「自信いっぱいの人」「自分を持っている人」を思い浮かべてください。その人は、例えば、単なる「明るい前向きな性格」だけで、そのような自分を演出しているのでしょうか？

ほとんどの人は、特定の何かに「強み」を持っており、それが「自信」につながっているのではないでしょうか。

昔から「一芸に秀でる者は多芸に秀でる」といわれます。特定分野のたった一つの秀逸さが、すべての自信に直結しているのです。

「**トンガリ**」とは、ある特定部分だけをフォーカスして結果を出し続けることです。他の部分はたいしたことないが、ある箇所は「スゴイよね」と他人から評価されることです。これは一面、誰にも対しても、何に対しても「いい顔」をしない、八方美人にならないということでもあります。

人間関係や自分の生き方で「息苦しい」のは、この八方美人をして、自分をごまかすことに、自分で不快を感じているからです。あまり悩まなくてもいいことに悩んでいるわけです。

だから、自信の持てるトンガリ箇所を見つけて、「自分ブランディング」を見出せば、面倒な人間関係を意識しなくても、何にも困らない状況になっていきます。

しかし、自信の持てるトンガリ箇所なんて、自分ではなかなか気づいていないものです。

職場の誰でもわかる目立つスキルがトンガリ部分なら、すでに自信満々で、前向きな生き方をしていることでしょう。でも、**顕在化しているところばかりでなく、隠れたトンガリのニーズはどの職場にもあります**。それをSWOT分析やいろいろなヒントから引っ張り出していくのです。

57

MEMO

パーソナルSWOT分析で「自分らしいブランド」を発見

① パーソナル SWOT 分析の ポイント

　パーソナル SWOT 分析で大事なことは、「機会」と「強み」の分析に十分に時間をとり、いろいろな角度から見つめ直すことです。

　「機会」と「強み」の掛け算で、「積極戦略」である「トンガリ」「自分ブランディング」をどのように見出すかにエネルギーを費やします。

　反面、「脅威」や「弱み」については少しは分析しますが、前述したとおりほどほどにするのがコツです。そうしないと、「できない理由」「やらない理由」を論理的に納得してしまい、**「悪い自己暗示」にかかる可能性がある**からです。

　「ネガティブな人」「悪い心配ばかりする人」は、パーソナル SWOT 分析風にいうと、「脅威」と「弱み」ばかり考え、その掛け算で「自信喪失」を自ら作り出している可能性があります。

　事業戦略をあぶり出すための SWOT 分析でも、「脅威」や「弱み」ばかりを指摘する会社の幹部は、「できない理由」を正当化して、「だから、無理なんです」と、早々と諦めてしまいます。

　そんな会社幹部が業績を上げたり、リーダシップを発揮できるはずがありません。

　パーソナル SWOT 分析のイメージについては Chapter 2 に掲載しているので参照してください。

Chapter 5 パーソナルSWOT分析で「自分らしいブランド」を発見

② 「機会分析」でこれからの 会社の方向性を把握する

「機会」とは、会社にとってのチャンス到来、言い換えれば「これから のニーズ」「今後の方向性」「これからの可能性」を指します。

後述しますが、今の職場で「自分ブランディング」をしたいなら、この 「機会」には、会社の方針や戦略、重点具体策が入ります。その中でも

- 小粒でもキラリと光る業務
- 誰もが見過ごすニッチ作業
- 目立たないが、この作業の出来不出来が後々すごく影響すること
- 誰もやりたがらない業務で、やれば後から評価される業務
- 日ごろは目立たないが、トラブル時にその業務の是非が脚光を浴びる こと

等々が「機会」となります。

会社の方針に沿った大きな結果を残すことはそれだけで立派なことです が、そういう大きな事項は、社内の誰もが進んでやっている仕事であり、 そこでナンバーワンを目指すのはけっこう大変なことです。

それよりも、**傍流に置かれた業務で、目立って結果を出すようなところ ではない箇所で、ナンバーワンを獲得するほうが楽**です。

ビジネスSWOT分析の「機会」では、大きな市場の変化だけでなく、ニッ チ（隙間）市場、ニッチカテゴリーで生まれる「機会」や「可能性」は何 かを探します。

大きな市場の変化や誰れもがすぐにわかる戦略は、競合も多く、そこで 力のない中小企業が勝ち抜くのは至難の業です。

だから、大手や力のある企業が軽視しているニッチ市場にターゲットを

絞り、小さいけれどその市場を取りに行くことが中小企業の戦略になっていくわけです。

　次の「機会」の質問に沿って、あなたの会社・職場の「機会」を整理してみましょう。わかる範囲でかまいません。わからない場合は、上司や仲間に相談してもいいでしょう。

■ 社内ポジションアップの「機会」シート

	「機会」の質問	あなたの会社・職場の「機会」
1	あなたの会社・職場で、今後ニーズが高まる分野、要素、機能は何か	
2	AI や IOT、高度情報化社会の中で、今後評価される業務や作業は何か	
3	会社・職場は、生き残るために今後、どんな分野に重点投資や人員配分をするか	
4	会社のビジョンや中期計画をみると、今後どんなスキルや経験が重用されそうか	
5	時代が進んでも、AI やロボット、海外からの安い労働者ではできない業務や、ないと困る匠の技は何か	
6	中途採用やヘッドハンティングで採用された人は、どんなスキルを評価された人か	
7	今の経営者や幹部の価値観ではなく、後継者やいずれ経営幹部になっていく社内エリートは、どんな人材を評価するか	
8	今後の事業内容の変化や社会ニーズの変化で、新たに発生する業務は何か	
9	会社や職場で、今後なくなる業務は何か。またその代わりに発生する業務は何か	
10	今後、会社や職場で「何が使える」「何ができる」と、経営者や幹部の評価が高まるか	

62

Chapter 5 パーソナルSWOT分析で「自分らしいブランド」を発見

3 「強み」とは「トンガリ」になる潜在的な興味やスキル

多くの「自己啓発プログラム」でも、「強みを伸ばせ」といいます。しかし、「強み」というのは単独では成立しません。

「何かのために活かせる強み」こそ、本来の「強み」です。

だから、「自分の伸ばすべき強み」を勝手に決めても、今一つ評価されません。

また、その強みをさらに伸ばすために努力する「強み磨き」が継続しないのは、その「強み磨き」が組織や環境のニーズに合っていないからです。ニーズに合ってない「強み磨き」をいくら努力しても、第三者の評価は「あの人は変わっているね」「あれって、あまり会社には貢献しないよね」で終わってしまいます。

「機会」にぶつけられる「強み」とは、自分の「トンガリ部分」を指します。「トンガリ」とは、他と比べて、

- ある能力が秀でている
- とにかく速い
- とにかくキレイ
- とにかくトラブルがない
- とにかくアウトプットがある
- とにかくわかりやすい
- とにかく知識が深い
- とにかく情報が多い
- とにかく技術がスゴイ

等々です。

こういう日常業務やある戦略業務の中で、目立っているものを「トンガリ部分」といいます。しかし、そんなにとんがったスキルは自分にはないと思う人も多いでしょう。

　そこで、次の「強み」のヒントに沿って、あなたの「強み」を導き出してみましょう。

　この10項目にまだ自信が持てるものがない人でも、

- その努力に対して労をいとわない
- その努力は嫌いではない
- その努力は組織に貢献できる

　というものなら、「強み」であり、「トンガリ」にしてもいいと思います。

Chapter 5 パーソナルSWOT分析で「自分らしいブランド」を発見

■ 社内ポジションアップの「強み」シート

	「良い点」のヒント	あなたの「良い点」
1	昔から親兄弟、友達に言われた褒め言葉	
2	行動特性、習性において良い点	
3	性格面において良い点	
4	思想、発想、アイデアなどでの良い点	
5	上司部下との関係、友達関係、異性関係、親姉妹親戚の人間関係において良い点	

	「強み」のヒント	あなたの「強み」
1	会社が求めるスキルで、あなたがもっている能力、資格、経験	
2	他人にもすぐわかる業務上の能力で、他の人より秀でていること	
3	会社の今後の戦略や方向性に使えそうな自分の知識、経験、ノウハウ	
4	ある分野、ある作業ではナンバーワンの実務スキル	
5	ある分野、ある作業をしているとき、時間を忘れて没頭してしまうこと	
6	会社の仕事で、この分野、この作業が好きだといえるもの	
7	他人の物まねではなく、ある分野、ある作業では、オリジナリティやクリエイティビティを意識していること	
8	ある分野、ある作業の結果、第三者から褒められることが多い	
9	この分野、この作業だったら、自分でマニュアルを作れると思うこと	
10	この分野、この作業だったら、自分が一番早くできる事項	

65

④ 「脅威」とは、あなたにとって 好ましくない外部環境の変化

　「脅威」とは、あなたの責任ではなく、社会環境や会社・職場環境の変化で、あなたにとって「悪い状況」になることです。

　例えば、次のようなことが「脅威」として挙げられます。

　ここではあまり時間を使わず、ざっとチェックしておくに留めましょう。ここに時間を使っても、「ネガティブ」にしかなりません。

■「脅威」のヒント

	「脅威」のヒント	あなたの会社・職場の「脅威」
1	あなたの会社・職場の業務で、ここ数年でなくなる業務は何か	
2	あなたのしている業務や作業で、AIやロボットに置き換えられそうなことは何か	
3	あなたの業務や作業で、人件費の安い海外人材や派遣、外製化されそうなのは何か	
4	会社や職場は、競争力確保と生き残りのために、あなたがしていた仕事で減らされる可能性のあるものは何か	
5	会社や職場が、出世も高い評価も与えないのはどんな特性や傾向のある人か	

Chapter 5 パーソナルSWOT分析で「自分らしいブランド」を発見

5 「弱み分析」では、時間をかけて自己改善する

「弱み分析」で、よく誤解されがちなのは、「弱み」＝「悪い点」ではないということです。「悪い点」とは、自分が気づいている悪い点や他人から過去に指摘された悪い点です。

- 行動が遅い
- 整理整頓がダメ
- 言い訳・ウソをつく
- 無責任な行動がある
- 間違いが多い・軽率・要領が悪い　等々

これらは個人の性格や習慣にかかわるもので、ある人から見れば「悪い点」でも、別の人から見ればそんなに気にならないこともあるものです。

この「悪い点」は、本人自身が自覚しているものです。本人が認識していることをわざわざ他人に指摘されると、怒ったり、反論したり、イラっとしてしまいます。

「悪い点」は、仕事ができないことの遠因にはなりますが、それを「弱み」と解釈することはできません。「悪い点」は、だいたい人格に関連することが多く、したがって、気に病んでも仕方がないのです。

でも「弱み」は、「機会分析」で出てきた、今後も可能性やニッチ業務があるのに、それに応えるスキルや知識がないことを指します。「弱み」は、時間をかけて克服したり、成長させることができます。

業務上の「弱み」とは、ニーズがあるのにできないこと、苦手なこと、評価が低いことなどです。だから、会社・職場のニーズに対して、自分の苦手な要素があるから、それは「努力義務」を自分に課さなければなりません。しかし、そんなきついことや**無理なことにエネルギーを費やすより、「強み」にフォーカスして、さらに「強み磨き」をしたほうが得策**です。

6 「機会」×「強み」 ＝「パーソナル積極戦略」

　SWOT分析で出てきた会社の「機会」と、自分の「強み」を掛け合わせて、具体的な行動内容や戦略的な対策を打ち出すのが「積極戦略」です。

　今の会社の戦略や方針を理解し、求められる機能、スキルを「機会」として箇条書きにします。

　それぞれの「機会」に使える自身の「強み」を、実務能力での具体的なスキル、興味関心範囲から列挙します。

　それを掛け合わせた「パーソナル積極戦略」は、次のようなものです。

- 他者とは違う圧倒的な「トンガリ箇所」とそれを活かす業務、それをどう実績としてアウトプットするか
- 会社方針、求められる特定機能やニーズで、「○○分野で、◇◇業務で、△△が一番なのはあなただよね」といわれるためには、何を具体化するか、何をアウトプットするか

　この2点について、最低でも
- 何のために
- 何を
- どうやって
- どんな実績を
- いつまでに出すか
を明文化します。

Chapter 5 パーソナルSWOT分析で「自分らしいブランド」を発見

7 「機会」×「弱み」 ＝「パーソナル改善戦略」

　もともと「強み」が顕在化していて、すぐに実践で成果を出すのが「積極戦略」なら、「機会」は同じでも、求められる機能、スキルがないため、自分の「弱み」を克服して、どう計画的に「自己改善」を図るかを整理するのが「改善戦略」です。

　「機会」×「弱み」＝「パーソナル改善戦略」では、まず、次の2点を明記します。

- ●「機会」の、ある特定ニーズに対応するために、この1〜3年間で努力し、具体的にアウトプットする実績。スキルや資格取得の内容は期限を明記する
- ●「機会」の、ある特定ニーズに対応するために、克服する苦手な課題と克服のための具体策の内容、および期限の明記

この2点について、最低でも
- ● 何のために
- ● 何を
- ● どうやって
- ● どんな実績を
- ● いつまでに出すか
を明文化します。

8 「積極戦略」×「改善戦略」
＝ 短期・中期目標

　「積極戦略」は短期の個人目標であり、それを実行して結果を出すことで、高い人事評価を得て、昇給や賞与を平均以上にゲットすることができます。

　「改善戦略」は、時間をかけて機能、スキルを作り上げていくので、目の前の評価というよりは、中期の昇給昇格を前倒しするための対策となっていきます。

　これらの短期中期個人目標は、自己分析で生まれたことなので、納得度も高く、モチベーションアップにもつながっていきます。

パーソナルSWOT クロス分析で 「今の職場での将来設計」 を決める

パーソナル積極戦略で「自分ブランド」「将来戦略」を明確化

Chapter 5 では、パーソナル SWOT 分析の「機会」「脅威」「強み」「弱み」の出し方と、クロス分析による「積極戦略」「改善戦略」を解説しました。

Chapter 6 では、「積極戦略」を事例とともに具体的に見ていきます。

■ パーソナル SWOT 分析【積極戦略】のイメージ

		「機会」
外部環境	〈1〉	あなたの会社・職場で、今後ニーズが高まる分野、要素、機能は何か
	〈2〉	AI や IOT、高度情報化社会の中で、今後評価される業務や作業は何か
	〈3〉	会社・職場は、生き残りのために、今後どんな分野に重点投資や人員配分をするか
	〈4〉	会社・職場のビジョンや中期計画をみると、今後どんなスキルや経験が重用されそうか
	〈5〉	AI やロボット、海外からの労働者ではできない業務や、ないと困る匠の技は何か
	〈6〉	中途採用やヘッドハンティングなどで採用された人は、どんなスキルを評価されたのか
	〈7〉	今の経営者や幹部の価値観ではなく、後継者やいずれ経営幹部になっていく社内エリートは、どんな人材なら評価するか
	〈8〉	今後の事業内容の変化や社会ニーズの変化で、新たに発生する業務は何か
	〈9〉	会社や職場で今後なくなる業務は何か。またその代わりに発生する業務は何か
	〈10〉	今後、会社や職場で「何が使える」「何ができる」と、経営者や幹部の評価が高まるか

Chapter 5 で整理した、職場が求める「機会分析」と自身の「強み分析」をクロスさせ、具体的な「積極戦略」を導き出します。この場合の積極戦略の表現はイメージとして、下記のような感じになります。

【機会】　　　　　　　　　　　　　　　　【強み】

| 職場の方針、今後の職場の動き、ニーズの変化 | | 職場の戦略や方針に役立つスキル、経験、知識、人脈 |

＝【パーソナル積極戦略】

会社の○○戦略や方針に、自分の◇◇を、△△のように使うことで、□□の貢献ができる

		「強み」
内部要因	A	会社が求めるスキルで、あなたが持っているもの、資格、経験
	B	他人にもすぐにわかる業務上の能力で、他の人より秀でていること
	C	会社の今後の戦略や方向性に使えそうな自分の知識、経験、ノウハウ
	D	ある分野、ある作業ではナンバーワンの実務スキル
	E	ある分野、ある作業をしている時、時間を忘れて没頭してしまうこと
	F	会社の仕事で、この分野、この作業が好きだといえるもの
	G	他人の物まねではなく、ある分野、ある作業では、オリジナリティやクリエイティビティを意識していること
	H	ある分野、ある作業の結果、第三者から褒められることが多い
	I	この分野、この作業だったら、自分でマニュアルを作れると思うこと
	J	この分野、この作業だったら、自分が一番早くできる事項
組み合わせ		積極戦略【機会×強み】
〈2〉－C		【積極戦略】 ●自分ブランドとして、徹底して伸ばすスキルとそれを活かす仕事、目標設定する内容 ●社内で具体的に貢献する実務と、出すべき成果内容
〈7〉－G		【積極戦略】 ●自分ブランドとして、徹底して伸ばすスキルとそれを活かす仕事、目標設定する内容 ●社内で具体的に貢献する実務と、出すべき成果内容

2 【パーソナル積極戦略】の事例

　実際に、「機会」×「強み」＝「パーソナル積極戦略」を記述すると、どんな表現になるか、事例を見てみましょう。

【A 氏の例】

　i 営業課に配属されているが、もともとは技術者だった。
　ii 対面営業、新規開拓などの「営業的なコミュニケーション」が苦手で、営業課では自分の存在意義を見失いかけていた。
　iii 技術者らしく、IT やパソコン、ビデオの操作は得意であり、それを活かすことで、社内で具体的に貢献できることを模索した。
　iv 会社は、IT 化、RPA の導入に積極的であり、そこに自分の付加価値をぶつけることで、存在意義が高まると考えた。

　その結果、次のような「パーソナル積極戦略」になったわけです。

　I 営業課内での技術提案書を自分の分だけでなく、他の営業員の分もデータ化することで、これまでとは違う貢献をする戦略にした。
　II 子どもの成長記録などで動画編集技術があるので、工場内で撮影した動画編集を自宅で行い、製造部にも貢献するようにした。
　　（ベトナム人や新人にわかる動画マニュアルを推進。これまで編集を外注すると高額になるため、工場長がためらっていた）

　この戦略抽出の検討過程が次の表になります（76 ～ 77 ページ）。

74

Chapter 6 パーソナルSWOTクロス分析で「今の職場での将来設計」を決める

MEMO

■ パーソナル SWOT 分析　【積極戦略】（A 氏の例）

		「機会」
外部環境	〈1〉	純粋な営業だけではなく、設計や製造がわかるセールスエンジニアが求められている
	〈2〉	顧客データ分析による提案力強化、または RPA 導入が決まり、IT スキルがますます求められる
	〈3〉	IT の進化に対応できる人材なら、中途でも高額の給与を払うようだ
	〈4〉	海外人材（ベトナム）がますます現場に配属され、言語だけでなく「見える化」「見せる化」のコミュニケーション能力が求められる
	〈5〉	これまでの営業手法や製造現場の管理手法から、IT 化が進むため、IT や新手法を学び、それに対応できる人が評価される。旧態依然のやり方に固執する人は、職場で不要になっていく

「強み」		
内部要因	A	Excel、Word、PowerPoint は一通りできる
	B	対人関係や営業的なコミュニケーションは苦手だが、図面からの提案書は早くきれいにまとめられる
	C	システムの理解ができるので、新たな RPA やソフトの導入には抵抗なく対応できる
	D	プライベートで動画の編集をしているので、業務上でも「見える動画マニュアル」をやろうと思えばできる
	E	社内のペーパーレス化委員として、社内のシステム化の知識があるので、IT もトータルで理解できる
組み合わせ		積極戦略【機会×強み】
〈1〉- B		営業課のスタッフとして、各営業の技術提案書を作成。またパターン別の技術提案書をデータ化し、営業員が全員が使えるようにする（営業の質的レベルアップに貢献）
〈4〉- D		海外人材にもわかる現場作業の動画マニュアルを作成し、初期教育やチェック教育に貢献する。撮影は現場にしてもらい、編集やテロップを作成する（動画マニュアルの貢献）
〈3〉〈5〉- C・D		RPA 技術者検定のエキスパートを取得し、社内の RPA や IT 化委員会のリーダーを務める

3 【パーソナル改善戦略】で 自己の課題克服

　「パーソナル改善戦略」は、会社の方針や経営戦略上から、ニーズはあるが、残念ながら、今の自分の経験や知識、スキルでは対応できずにいる状態に用いられます。

　したがって、経営側のニーズに合うように、これから1～3年程度で自身の能力開発を行い、そのニーズに対応しようというものです。

■ パーソナル SWOT 分析【改善戦略】のイメージ

		「機会」
外部環境	〈1〉	あなたの会社・職場で、今後ニーズが高まる分野、要素、機能は何か
	〈2〉	AIやIOT、高度情報化社会の中で、今後評価される業務や作業は何か
	〈3〉	会社・職場は、生き残りのために、今後どんな分野に重点投資や人員配分をするか
	〈4〉	会社・職場のビジョンや中期計画をみると、今後どんなスキルや経験が重用されそうか
	〈5〉	AIやロボット、海外からの安い労働者ではできない業務や、ないと困る匠の技は何か
	〈6〉	中途採用やヘッドハンティングなどで採用された人は、どんなスキルを評価されたのか
	〈7〉	今の経営者や幹部の価値観ではなく、後継者やいずれ経営幹部になっていく社内エリートは、どんな人材なら評価するか
	〈8〉	今後の事業内容の変化や社会ニーズの変化で、新たに発生する業務は何か
	〈9〉	会社や職場で今後なくなる業務は何か。またその代わりに発生する業務は何か
	〈10〉	今後、会社や職場で「何が使える」「何ができる」と、経営者や幹部の評価が高まるか

Chapter 6 パーソナルSWOTクロス分析で「今の職場での将来設計」を決める

　パーソナルSWOT分析によるその戦略抽出のイメージは下図のとおりです。

　会社が今後ますます情報化を進展させたり、あるいは海外との取引を活発化させていくという基本方針があれば、ITや英語は苦手だとかは言っていられません。もし、これらが苦手ならば今後積極的にこれらのスキルを上げていく必要があります。

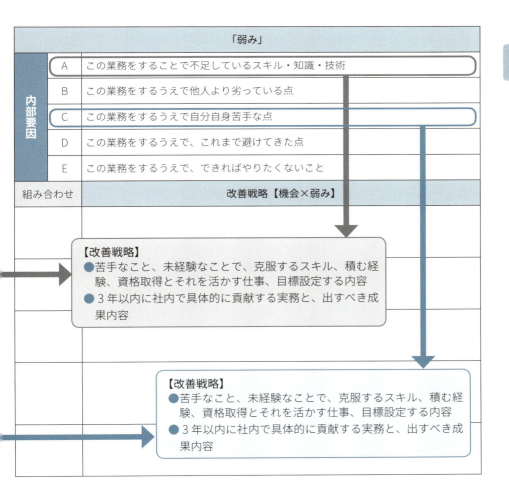

これを、さきほどの A 氏のケースで考えると次のようになります。

> 彼は IT 系には高い技能を発揮するが、反面、コミュニケーション系には難がある。そこが彼の「弱み」となっているので、経営側のニーズに対応するには、その部分を改善していく必要がある。

■ パーソナル SWOT 分析　【改善戦略】（A 氏の例）

		「機会」
外部環境	〈1〉	純粋な営業だけではなく、設計や製造がわかるセールスエンジニアが求められている
	〈2〉	顧客データ分析による提案力強化、または RPA 導入が決まり、IT スキルがますます求められる
	〈3〉	IT の進化に対応できる人材なら、中途でも高額の給与を払うようだ
	〈4〉	海外人材（ベトナム）がますます現場に配属され、言語だけでなく「見える化」「見せる化」のコミュニケーション能力が求められる
	〈5〉	これまでの営業手法や製造現場の管理手法から、IT 化が進むため、IT や新手法を学び、それに対応できる人が評価される。旧態依然のやり方に固執する人は、職場で不要になっていく

Chapter 6　パーソナルSWOTクロス分析で「今の職場での将来設計」を決める

　そこで、彼が出した答えが次の表です。

　コミュニケーション系のスキルを磨くため、コーチングやアンガーマネジメント（怒りなどの感情をコントロールする方法）研修を受講し、対人関係性を高めるという改善戦略を打ち出しました。

<table>
<tr><th colspan="3">「弱み」</th></tr>
<tr><td rowspan="5">内部要因</td><td>a</td><td>自分のやり方を一方的に押しつける傾向があり、顧客や現場からも苦情が出ることがある</td></tr>
<tr><td>b</td><td>システム的な発想、ロジカルシンキングは研修経験もあり強いが、具体策やアクションが継続しない（一時的な盛り上がりで終わりやすい）</td></tr>
<tr><td>c</td><td>年配で圧力の強い顧客やわがままな顧客に、上手に対応できない（ついついできないことはできないと言ってしまい、担当から外されたことがある）</td></tr>
<tr><td>d</td><td></td></tr>
<tr><td>e</td><td></td></tr>
<tr><td colspan="2">組み合わせ</td><td>改善戦略【機会×弱み】</td></tr>
<tr><td colspan="2">〈1〉〈4〉－
a．c</td><td>コーチング研修、アンガーマネジメント研修を受講し、対人関係性の向上を図る</td></tr>
<tr><td colspan="2">〈2〉－b</td><td>自分の行動計画やアクションプランのチェックを習慣化するため「可視化」を行う。Google カレンダーの機能だけではなく、週間行動予定表に行動プロセスまで記載し、デスクに貼り出す</td></tr>
<tr><td colspan="2"></td><td></td></tr>
</table>

4 積極戦略と改善戦略から「キャリアプラン10か年」作成

　パーソナル積極戦略とパーソナル改善戦略から、自身のキャリアプランを作成します。

　キャリアプランは基本10か年で進めますが、内容や場合によっては5か年でもよいでしょう。

　この「キャリアプラン10か年計画」は、下記のカテゴリーに分かれています。

---

① スキルアップ内容
② 必要資格取得
③ チャレンジ項目
④ 処遇（役職・年収）

---

❶ スキルアップ内容

　ここでは、どんな能力向上によって、組織に対してどういう具体的なアウトプットを出していくかを整理します。

　パーソナル積極戦略で出た「具体的な貢献項目」を何年度までに行うか、また「具体的な貢献項目」の後にはどんなスキルを提供するかまで記載します。

　パーソナル積極戦略で生まれたアウトプットから、その後の貢献の将来像をイメージして明文化します。

❷ 必要資格取得

パーソナル積極戦略・パーソナル改善戦略で、自身の能力開発目標が出てきます。その中には公的・民間を問わず資格検定の取得、必要研修の受講などがあがっています。

それを記載し、何年度のどんな資格を取得し、研修を受講するかを記載します。

必要なスキルアップにどんな資格や研修があるかわからない場合は、積極戦略・改善戦略を抽出する際に、自身で調べ、それを記載します。

❸ チャレンジ項目

職務において義務でもノルマでもないことで、会社や自身の将来のために取り組むテーマをピックアップします。チャレンジ項目が職務以外でもかまいませんが、それが何らかの形で今の職場にフィードバックされることが前提になります。そうしないと上司や第三者が認めてくれない場合もあるでしょう。

❹ 処遇（役職・年収）

これらのスキルアップや資格取得、チャレンジ項目を実施することで、どんな職位やポジションを目指し、それに沿っていくらの年収を目指すかを書き出します。

年収目標は等級制度や年俸がある程度わかる組織であれば、そのおおよその実額を記載します。賃金テーブルが全くわからない場合は、希望的数値でもけっこうです。

次表はさきほどの A 氏の「キャリアプラン 10 か年計画」です。

■ キャリアプラン 10 か年計画（A 氏の例）

年度			2019 年	2020 年	2021 年	2022 年
年齢			40 歳	41 歳	42 歳	43 歳
キャリアアップ計画	スキルアップ内容		①営業の技術提案書サポート			
				②動画マニュアル編集サポート		
						③インサイド
	必要資格取得内容			① RPA 技術検定エキスパート取得		① RPA の社内
				②コーチング研修受講		
						③アンガーマネジメント
	チャレンジ項目		①営業の技術提案書パターン化		①技術提案書のビッグデータ	
				②週間予定の見える化管理		
				③ IT 化委員会委員		
役職			主任			グループ
等級			4 等級	4 等級	5 等級	5 等級
年収目標			550 万円	560 万円	600 万円	610 万円

Chapter 6 パーソナルSWOTクロス分析で「今の職場での将来設計」を決める

会　社　名	
部門・役職	
氏　　　名	

2023 年	2024 年	2025 年	2026 年	2027 年	2028 年
44 歳	45 歳	46 歳	47 歳	48 歳	49 歳
セールス（内勤営業）のシステム化とコンテンツ開発					
での指導					
研修受講					
化で有効活用方法開発					
③ IT 化委員会委員長					
リーダー	課長			ディレクター	
5 等級	6 等級	6 等級	6 等級	7 等級	7 等級
620 万円	700 万円	720 万円	750 万円	800 万円	800 万円

85

A 氏はパーソナル積極戦略・パーソナル改善戦略から生まれた、スキル
アップ目標、必要資格、チャレンジ項目をベースに、その後のキャリアを
具体的にイメージしました。

　戦略として「営業の IT 化」に自分のポジションを決めて、それをキャ
リアプラン 10 か年計画に組み込みました。

　彼の苦手な「コミュニケーション営業」では、今後の「弱み克服」のた
めに、コーチング研修やアンガーマネジメント研修を受講していきます。

　しかし、対面営業の分野で貢献をすることではなく、インサイドセール
ス（内勤営業）のシステム化、コンテンツ開発などで、自分の貢献を明確
に打ち出しています。

　たしかに、彼が計画するように、年収や職位がこのようにとんとん拍子
に上がっていく保証はありませんが、彼が組み立てた具体的な貢献計画の
結果とその後の実績から、会社がその貢献を認めたなら、昇給・昇格はお
おいに期待できることです。

　また、その貢献を会社が認めないなら、**培ってきたスキルは転職して他
社で活かすことや、独立起業することも選択肢になる**でしょう。

Chapter 6 パーソナルSWOTクロス分析で「今の職場での将来設計」を決める

5 企業内キャリアアップ研修で「パーソナルSWOT分析」と「キャリアプラン」を作成

　多くの企業では、従業員のモチベーションアップを図るために各種の研修制度を設けています。

　本来なら、自分が設定した目標（自分へのコミットメント）ですから、それに相応しい行動をしてしかるべきです。しかし、なかなかそうはいかない。それはなぜか ——。

　多くのキャリアプランが総花的で、企業側も「全方位的な人材育成」を押しつける傾向があるからです。

　「得意なものをさらに伸ばして、より貢献してもらおう」という、長所進展型ではなく、「問題点、課題、苦手な部分を改善させよう」という課題克服型の研修が圧倒的に多いようです。

　そうすると、研修を受けた本人は、研修が終わった時点では「頑張ろう」とヤル気になっていても、時間の経過とともにその意欲は薄れてしまうものです。**「苦手なこと」は、本来はしたくない**からです。そして、研修を無理やり受講させられた手前、それなりの「落としどころ」でお茶を濁しているといった感じでしょうか。

　正直に答えるなら、「嫌なことは嫌」なわけです。

　「自分の強みや関心があること」なら、黙っていてもしたくなるし、それが会社に評価されるなら、「息を吸えば吐くよう」に自然に、意欲的になっていくものです。

　パーソナルSWOT分析をすれば、会社側の経営方針、経営戦略、求める機能が「機会」になるので、改めて「会社を理解する」場にもなるし、それに自分の資質や能力、あるいは好きなこと、やりたいことなどを絡め

ていけるならば、会社の経営戦略と個人のキャリアアップがマッチングすることになり、会社・個人双方にとって Win-Win の関係になります。

　会社幹部であっても、会社が求めるスキル、実績、経験、資格がわからないことが多いようです。

　それは、いろいろ要望をいわれすぎて、いろいろな研修に出され、どれ

■ キャリアプラン 10 か年計画（フレーム）

年度	2019 年	2020 年	2021 年	2022 年
年齢				
キャリアアップ計画 スキルアップ内容				
必要資格取得内容				
チャレンジ項目				
役職				
等級				
年収目標				

Chapter 6　パーソナルSWOTクロス分析で「今の職場での将来設計」を決める

も中途半端な感じで終わっているからです。

　キャリアプラン10か年計画のフレームを再掲しました。この表を参考にして、読者自身のキャリアプランを書き込んでみましょう。

会　社　名	
部門・役職	
氏　　　名	

2023 年	2024 年	2025 年	2026 年	2027 年	2028 年

ですから、パーソナル SWOT 分析で、会社の戦略に沿った自分らしいブランドと活かし方を確立し、それを実現するための「キャリアプラン 10 か年計画」を企業内研修で作成し、本人自らコミットメントしてもらうのです。

　しかも、一度分析したり作成した「パーソナル SWOT 分析」「キャリアプラン 10 か年計画」は、毎年モニタリングして修正をしていけば、自分自身の達成感も味わえ、さらに意欲が増進されていきます。

　企業のモチベーションアップの研修やプログラムはいろいろありますが、自らが論理的にコミットメントでき、キャリアアップの具体的な内容を導き出せる「パーソナル SWOT 分析」は有効な手法になるでしょう。

就職・転職のための
パーソナルSWOT分析

1 独自性や即戦力となるスキルが求められている

　今勤めている会社を辞めて、他社や新天地で自分の能力を発揮したいと考えている場合でも、パーソナル SWOT 分析は有効に活用することができます。

　ここでのパーソナル SWOT 分析は、狙いを定めた転職先や就職先に対して、自分をどうアピールするか、その具体的なノウハウとなります。そのためには「自分をブランド化」することです。

　「自分ブランド」があれば、転職先を「選べる立場」になり、採用面接での年収交渉でも優位になります。

❶ 中途採用する企業は「即戦力」を求めている

　まず、転職先の企業・組織が中途採用者に何を望んでいるかを考えます。

　多くの企業は「即戦力」を求めています。厚生労働省の「転職者実態調

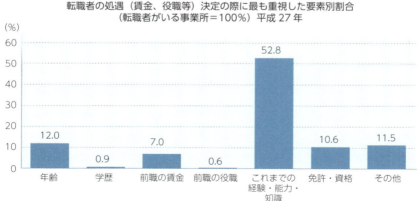

転職者の処遇（賃金、役職等）決定の際に最も重視した要素別割合
（転職者がいる事業所＝100％）平成 27 年

（厚生労働省、平成 27 年転職者実態調査の概況）

査」でも、多くの経営者は「転職者のスキルや経験」を採用基準にしていることがわかります。

❷ 中途採用する企業が求める本当のスキルと実績

転職先の企業・組織が中途採用者に何を望んでいるかを考えると、誰もが持っているような経験やスキルでは、採用基準からは外れる可能性が高いでしょう。

私は、顧問企業の管理職クラスの中途採用面接に立ち会い、採否の判断をした経験が数多くあります。

その経験からいうと、似たような経験の転職希望者が複数いれば、採用基準は「人柄」「基本動作」などの属人的なことになります。

しかし、見た目があまりよくなくて、話し方もパッとしない転職希望者でも、その人が持っているスキルや資格、実績が固有であり、自ら実践してきた経験がある場合は、採用の可能性が高くなります。

私の場合、真実を知るために、本人の実績や経験かどうか、チームや部下が中心にしてきたことを自ら実践したと吹聴していないかを質問を通してチェックします。実際にそういうマネージャークラスもいるから要注意です。

なぜそこまでするかというと、そのスキル、実績、経験が、今すぐその企業にはほしいからです。

年収は需要と供給のバランスで決まります。こちらが是非ともほしい人材が希望している年収が、他の部課長クラスと比較して飛び抜けていない限り、要望を飲むことは十分ありえます。

人件費が多少高くても、その人材を採用することで、すぐに業務に貢献することができ、収益に直結するなら ── これが中途採用する企業の基本的なスタンスだからです。

② 狙った業種・職種から求められるスキル・機能を分析する

❶ 相手先企業のニーズと自分を知る

転職する前にぜひやってほしいことがあります。まず、パーソナルSWOT分析を使って、自分が転職しようとしている業種や企業が求めているものが何かを知る必要があります。SWOT分析でそれを「機会」として整理します。

次に、自己のアピールすべき点を整理します。

さきほど述べたように、「他の人と変わらぬ経験・スキル」では、職務経歴書の内容や面接時に先方にインパクトを与えることができません。

転職したい企業（敵）が、今どんな人材を求めているかを事前にある程度把握し、「求められる人材像」に、自分ブランドが適応できるように持っていきます。

では実際に、転職希望先の企業が何を求めているか、どういう人材を欲しているのかをどうやって知るのか？

ここでいう「求められる人材像」とは、例えば、

- 責任感がある
- チャレンジ精神がある
- リーダーシップがある
- プレゼンテーションができる
- 人柄がいい

など、属人的で一般的な資質を指しているのではありません。

これらの資質は、一般の社員に対しては必要なものでしょうが、自分のスキル・実績・経験が売りの「転職希望者」には、もっとリアルで特別なことが求められます。

94

Chapter 7 就職・転職のためのパーソナル SWOT 分析

❷ 転職希望先企業の「機会」とは

まず、転職したい企業のホームページを見て、事業内容、商品構成、取引先や経営者の姿勢、社員の声等から、その企業が力を入れている事業ドメイン（事業領域）とともに、「具体的に求められるスキル（能力）やアウトプット（効果や成果など）」を類推します（HPではわからない場合、第一面談時に詳しく聞き、第二面談で「具体的なアウトプット」を出す）。

ヘッドハンティング会社経由なら、人材コンサルタントから事前にある程度の情報やニーズを聞き出すこともできます。ネットでもさまざまな業種別の採用情報や人材の必要条件を見ることができ、参考にできます。

転職希望先の「機会」は下表のようなことから類推します。

	転職先の企業の「機会」の質問	面談や情報収集で聞いた「機会」
1	転職先の会社・職場で、今後ニーズが高まる分野、要素、機能は何か	
2	転職先は AI や IoT、高度情報化社会の中でどのような取り組みをしているか	
3	転職先の企業は、生き残るために、どんな分野に重点投資や人員配分をすると公表しているか	
4	転職先の企業のビジョンや中期計画を見ると、今後どんなスキルや経験が重用されそうか	
5	転職先の企業では、自分の経験部署（出身畑）がどんな戦略や方向性を出しているか	
6	自分の具体的な「強み」「経験」「アウトプット」を転職先の企業の部署に導入すれば、どんな効果が考えられるか	
7	これまで中途採用した人の特徴は何か（実際の第一面談で聞く）	
8	自分が考える業界業種のビジョン（方向性）と、転職先の企業の方向性は合致するか	
9	現在の会社で取り組んでいる経営戦略や方向性は、転職先の企業でも参考になるか	
10	転職先の企業では、「何が使える」「何ができる」と、経営者や幹部の評価が高いか	

95

3 自分の【強み】といえる スキルや知識を整理する

　転職におけるパーソナル SWOT 分析には、２つのアプローチがあります。

　１つは、転職希望企業が「求める人材像」「業種特性」「今後の経営戦略」から「機会」を割り出し、それに使えそうな自分の実績・スキル・知識を「強み」として整理します。

　もう１つは、自分の実績・スキル・経験・知識を「強み」として具体的に整理し、それを求める業種や企業に対して、どんな課題解決に貢献できるかを「機会」としてアプローチします。

　では、転職における自分の「強み」とは、どういう点をいうのでしょうか？

　右の表では、「転職先で発揮できる『強み』のヒント」を 10 項目に整理しました。各項目に該当する「あなたの強み」を記載してみてください。感覚論ではなく、なるべく具体的な事実で記載するとイメージが湧いてきます。

Chapter 7 就職・転職のためのパーソナル SWOT 分析

	転職先で発揮できる「強み」のヒント	あなたの「強み」
1	転職先企業や該当部門が求めるスキルで、あなたがもっている技能、資格、経験	
2	他人にもすぐわかる業務上の能力で、他の人より秀でていること	
3	転職先企業の今後の戦略や方向性に使えそうな自分の知識、経験、ノウハウ	
4	ある分野、ある作業ではナンバーワンの実務スキル	
5	ある分野、ある作業をしているとき、時間を忘れて没頭してしまうこと	
6	転職先にもある仕事で、この分野、この作業が好きだといえるもの	
7	他人の物まねではなく、ある分野、ある作業では、オリジナリティやクリエイティビティを意識していること	
8	ある分野、ある作業の結果、第三者から褒められることが多い	
9	この分野、この作業だったら、自分でマニュアルを作れる自信がある	
10	この分野、この作業だったら、自分がいちばん早くできる事項	

4 「機会」×「強み」 ＝「独自のセリングポイント」

転職用のパーソナル SWOT 分析は表のようなイメージになります。

前述の「転職先企業の機会」と「転職先で発揮できる強み」をクロスさ

■【転職用パーソナル積極戦略】シートのイメージ

	転職先の企業の「機会」の質問
1	転職先の会社・職場で、今後ニーズが高まる分野、要素、機能は何か
2	転職先は AI や IoT、高度情報化社会の中でどのような取り組みをしているか
3	転職先の企業は、生き残るために、どんな分野に重点投資や人員配分をすると公表しているか
4	転職先の企業のビジョンや中期計画を見ると、今後どんなスキルや経験が重用されそうか
5	転職先の企業では、自分の経験部署（出身畑）がどんな戦略や方向性を出しているか
6	自分の具体的な「強み」「経験」「アウトプット」を転職先の企業の部署に導入すれば、どんな効果が考えられるか
7	これまで中途採用した人の特徴は何か（実際の第一面談で聞く）
8	自分が考える業界・業種のビジョン（方向性）と、転職先の企業の方向性は合致するか
9	現在の企業で取り組んでいる経営戦略や方向性は、転職先の企業でも参考になるか
10	転職先の企業では、「何が使える」「何ができる」と、経営者や幹部の評価が高いか

Chapter 7 就職・転職のためのパーソナル SWOT 分析

せて、具体的なセリングポイントとなる【転職用パーソナル積極戦略】が出来上がります。

　この転職用パーソナル積極戦略では、転職先企業の採用担当者が具体的なイメージができるようなアウトプットや貢献内容を明示しなければなりません。

　先方は即戦力を求めており、したがって入社後早い段階で、何らかの効果を上げられるという想像がつくような表現が必要になります。

	転職先で発揮できる「強み」のヒント
A	転職先企業の該当部門が求めるスキルで、あなたが持っている技能、資格、経験
B	他人にもすぐわかる業務上の能力で、他の人より秀でていること
C	転職先企業の今後の戦略や方向性に使えそうな自分の知識、経験、ノウハウ
D	ある分野、ある作業では、ナンバーワンの実務スキル
E	ある分野、ある作業をしている時、時間を忘れて没頭してしまうこと
F	転職先でもある仕事で、この分野、この作業が好きだといえるもの
G	他人の物まねではなく、ある分野、ある作業では、オリジナリティやクリエイティビティを意識していること
H	ある分野、ある作業の結果、第三者から褒められることが多い
I	この分野、この作業だったら、自分でマニュアルを作れる自信がある
J	この分野、この作業だったら、自分がいちばん早くできる事項
組合せ	転職用【パーソナル積極戦略】

【パーソナル積極戦略】
●転職希望先で、PR すること（これまでの経験、スキルから、御社の◇業務、△機能に、□□のように貢献できる。またはアウトプットできる）

【パーソナル積極戦略】
●転職希望先で、PR すること（これまでの経験、スキルから、御社の◇業務、△機能に、□□のように貢献できる。またはアウトプットできる）

99

■ B 氏の【転職用パーソナル積極戦略】事例

　B 氏は、税理士になるため、現在の不動産会社を辞めて、1 年間科目受験のために浪人を経験しました。その後、2 科目を取得した後、複数の会計事務所で転職の面接をしました。会計業界での実務経験がなく、税理士

■ パーソナルSWOT分析（就活・転職用）　記入用シート

| 目的 | 1 | 就職活動（大卒、フリーターの就活） |
| | 2 | 転職（今の会社を辞めて転職する人向け） |

A
B
C
D
E
F
G
H
I
J

●就活での SWOT 分析は「自信をもって PR する箇所」を探すこと（ネガティブにならないようにする）
●就活における SWOT 分析は、「機会」と「強み」「弱み」のみで分析
●「強み」は
　①性格面のよい点を指すのではない
　②他人から言われて「その気になっているよい点」でもない
　③自分の過去を振り返り、ピンポイントで具体的にいえる「他人と差別化できている自他ともに認める箇所」である
　④第三者から止められても、仮に給与が少なくても、「好きなこと」「時間を忘れて取り組めること」が強みになる
　⑤第三者に説明できる自分が主語の「スキル」
　⑥「なぜ、強みと言えるのか」を何回聞かれても論理的に説明できる

			機会（O）	組合せ番号 例：〈2〉- A
外部環境	目指す業界・分野が性れるが可能性さ期待と	〈1〉	税理士は一生の資格である。今後競争が厳しくもプロとして努力すれば、やっていけると思った	〈4〉〈6〉-A.B
		〈2〉		
		〈3〉		〈4〉〈7〉- C.H
	目指す業界、企業なら、どんな人材を採用するとか思うか	〈4〉	会話力、コミュニケーション能力が高ければ、経営者や事業者と会って面談する仕事なので貢献できる	
		〈5〉	数字が合わないと気が済まないし、辻褄の合わない事をそのまま放置する事ができない性格なので、この業界の仕事に向いていると思う	〈1〉〈2〉-G. E
		〈6〉	経営者の話をじっくり聞けるコーチング能力が求められる	
		〈7〉	新規開拓の積極的に取り組んでいる事務所は伸びる	

Chapter 7 就職・転職のためのパーソナル SWOT 分析

資格の科目といっても 5 科目中 2 科目しか持っていません。

そこで、自分のどういう部分をアピールすべきか、会計事務所の所長の立場でいろいろ検討し、下の表のような【転職パーソナル SWOT 分析】をしてみました。

氏　名	B
記入日	年　　　　月
目指す業界・企業	会計事務所

内部要因					
強み（S）			**弱み（W）**		
知識と経験・具体的スキル・活かせる	パソコン入力でブラインドタッチができる	a	採用の癖や側は何かが嫌かもしれないあなたの態度	感情を表に出さない傾向がある。他の人がテンションが高いときに一緒に乗れないときがある。	
	人の話を聞きながら、そのまま議事録作成ができる（人の話を集約したり、箇条書きにその場でできる）	b		2 科目を持っているが、実務経験が全くないので、即戦力にはならない	
	初対面でも気軽に会話することができる（笑顔が良いといわれる）	c		自分を必要以上に PR することが苦手（できないことをできるとは言えない）	
	2 科目を持っている（簿記、財務諸表）	d		前職で経理会計の部門ではなく、営業事務部門だったので、基本的な知識がない	
姿勢・習慣・箇所他の人より少しでも抜きんでている	細かい計算が苦にならない。昔からカネの計算が好きだった	e		営業力不足	
	本、新聞、雑誌を見ると大事なところと自分が思った箇所にはマーカーを付ける癖があり、付けた箇所はよく覚えている	f			
	新聞やヤフーニュースを毎日見ており、特に経済、経営のニュースは興味があり、じっくり見るほうだ	g	採用試験・グループ討議・面接で苦手な箇所	質問に対して、いろいろ考え過ぎて答えがまとまらないことがある	
	気にいらないことがあっても、感情を表情に出したり、相手に気遣いさせるような態度はとらない	h		言葉にするとき、「相手がどう思うか」を気にし過ぎて、言葉の選択に時間が掛かる	
		i		SPI は苦手（練習すればできる）	
		j			
【積極戦略】		組合せ番号例：〈2〉- b	**【改善戦略】**		
●担当企業の経営者面談の議事録をブラインドタッチ、リアルタイムで要約・箇条書きでパソコン入力できる。 ●入力作業が短時間でできるので、事務所の事務作業には大きく貢献できる		〈1〉〈2〉— b、d	●即戦力にはならないが、資格は 2 科目あって知識はあるので、会話にはついていける。正職員が無理ならパートでもかまわない。		
●新規の訪問や紹介依頼、顧問先内での根回しなど上手にできると思う		c、g、h	●慣れれば誰とでも気安く会話できるが、最初の控え目感や質問に対する答えが遅いのは、熟慮しているから ●過剰 PR はできないが、自分が経験したことなら自信をもって人にいえる		
●社会、経済経営のことは興味があるので、経営者との会話にもついていけると思う		b、e	●独立してやれるキャパや性格ではないので、5 科目とって税理士登録しても「クビにならない限り長期で頑張る」		

101

5 転職で収入増にするための自分の付加価値づくり計画

Chapter 6 で登場した A 氏が、転職して収入増を図るために、いろいろとスキルアップし、経験を積み、必要な資格などを取得、そして転職先

■ A 氏のライフイベントと資金需要（独立起業した場合）(金額：万円)

	年齢	2019 年	2020 年	2021 年	2022 年	2023 年
家族	A 氏	40 歳	41 歳	42 歳	43 歳	44 歳
	奥さん	38 歳	39 歳	40 歳	41 歳	42 歳
	子ども C	10 歳	11 歳	12 歳	13 歳	14 歳
	子ども D	8 歳	9 歳	10 歳	11 歳	12 歳
	職　場	現在の会社	現在の会社	現在の会社	現在の会社	現在の会社
収入（手取）状況	A 氏年収	480	510	520	530	540
	A 氏手取	365	380	394	402	410
	奥さん年収	103	103	103	103	103
	奥さん手取	90	90	90	90	90
	夫婦手取 計	455	470	484	492	500
ライフイベント	自家用車	車購入	車ローン	車ローン	車ローン	車ローン
	住宅			住宅購入・引越	住宅ローン	住宅ローン
	自己啓発学習	能力開発・資格取得	能力開発・資格取得	能力開発・資格取得	能力開発・資格取得	能力開発・資格取得
	子ども C	塾通い	塾通い	塾通い	進学塾	進学塾
	子ども D	塾通い	塾通い	塾通い	塾通い	塾通い
	旅行	結婚 10 年海外旅行				
	親の介護					
ライフイベント支出	車ローン	48	48	48	48	48
	住宅ローン			696	96	96
	自己啓発学習	24	24	24	24	24
	子ども C の教育費	60	60	60	60	60
	子ども D の教育費	60	60	60	60	60
	旅行	50				
	親の介護支出					
	ライフイベント支出計	242	192	888	288	288
	手取残り	213	278	− 404	204	212
固定支出	食費（外食込）	72	72	72	72	72
	水道光熱	36	36	36	36	36
	保険料	36	36	36	36	36
	服飾美容	20	20	20	20	20
	交際費	24	24	24	24	24
	小遣い	36	36	36	36	48
	通信費					
	固定支出 計	224	224	224	224	236
ライフイベント＋固定支出 合計		466	416	1112	512	524
貯蓄可能額		− 11	54	− 628	− 20	− 24

※1　住宅ローン時に頭金 500 万円支出と仮定
※2　子どもの大学の学費は私立文系で年間 100 万円と仮定
※3　子どもの塾は運動と文科系を 2 つ以上掛け持つと仮定

に即貢献できる付加価値ができたとします。

転職先との面接でも、その自信の表れとして、現年収より 100 万円多い金額を希望します。

転職先も A 氏の付加価値を理解し、現在の年収より 100 万円増で採用が決定したと仮定します。

また転職後は、年々 2 ％程度の給与アップがあると仮定しています。

すると、A 氏の手取りはサラリーマン時代なら、この 10 年間の貯蓄総額が、－ 615 万円（住宅頭金で 500 万円を拠出した分を含む）に対して、

2024 年	2025 年	2026 年	2027 年	2028 年	2029 年
45 歳	46 歳	47 歳	48 歳	49 歳	50 歳
43 歳	44 歳	45 歳	46 歳	47 歳	48 歳
15 歳	16 歳	17 歳	18 歳	19 歳	20 歳
13 歳	14 歳	15 歳	16 歳	17 歳	18 歳
独立 1 年目	独立 2 年目	独立 3 年目	独立 4 年目	独立 5 年目	独立 6 年目
400	500	600	700	800	1000
307	380	451	515	581	718
103	103	103	103	103	0
90	90	90	90	90	0
397	470	541	605	671	718
住宅ローン	住宅ローン	住宅ローン	住宅ローン	住宅ローン	住宅ローン
能力開発・資格取得	能力開発・資格取得	能力開発・資格取得	能力開発・資格取得	能力開発・資格取得	能力開発・資格取得
進学塾	受験塾	受験塾	受験塾	大学受験と学資	学資
進学塾	進学塾	進学塾	受験塾	受験塾	受験塾
結婚 15 年海外旅行					結婚 20 年海外旅行
				親の介護費用	親の介護費用
96	96	96	96	96	96
24	24	24	24	24	24
60	60	60	60	150	100
60	60	60	60	60	60
50					50
				20	20
290	240	240	240	350	350
107	230	301	365	321	368
72	72	72	72	72	72
36	36	36	36	36	36
36	36	36	36	36	36
20	20	20	20	20	20
24	24	24	24	24	24
48	48	48	48	48	48
236	236	236	236	236	236
526	476	476	476	586	586
－ 129	－ 6	65	129	85	132

5 年後に転職した場合の総貯蓄額は、− 290 万円と半分以下になります。

　そうなるためには、転職先で自分の付加価値を認めてもらわなければなりませんし、その前段として【転職用パーソナル SWOT 分析】をしっかり行う必要があります。

　106 〜 107 ページの表では、この年収で転職を実現させるためには、どういう付加価値を、どの年代で、どう作り上げるかプランを考えます。

　A 氏の転職時の年収を決める要素になった「付加価値」をつくるために、【転職用パーソナル SWOT 分析】を使って、どういう点にフォーカスして、「転職に有利なスキル・経験・実績」をつくるかが重要です。

　ここで A 氏は、転職用パーソナル SWOT 分析を使って、以下の 5 つの付加価値戦略を決めました。

　その 5 つとは、以下のとおりです。

ⅰ X 作業、Y 作業、Z 作業までできるマルチタスクが可能

ⅱ 生産管理の IT 化、見える化の知識を高め、担当者や推進委員ができる

ⅲ QCD の各種作業を計測し、データ分析して、KPI 設定と PDCA が回せる

ⅳ 業務改善委員を経験し、現場のムリ・ムダ・ムラ改善のアイデア出しや実践をする

ⅴ 生産計画、生産管理、業務改善を入れた事業部計画の補佐ができる

　そして、その 5 つの付加価値を実現するためのスキルアップ内容、必要資格、チャレンジ項目を詳細に決めます。

　こういう事前の能力開発、実績経験があってこそ、年収 100 万円増で転職先に交渉できるわけです。

Chapter 7 就職・転職のためのパーソナル SWOT 分析

MEMO

■ 40歳・A氏の転職を成功させる付加価値アップ計画

<table>
<tr><th colspan="2">年度</th><th>2019年</th><th>2020年</th><th>2021年</th><th>2022年</th><th>2023年</th></tr>
<tr><td rowspan="4">家族（年齢）</td><td>A氏</td><td>40歳</td><td>41歳</td><td>42歳</td><td>43歳</td><td>44歳</td></tr>
<tr><td>奥さん</td><td>38歳</td><td>39歳</td><td>40歳</td><td>41歳</td><td>42歳</td></tr>
<tr><td>子どもC</td><td>10歳</td><td>11歳</td><td>12歳</td><td>13歳</td><td>14歳</td></tr>
<tr><td>子どもD</td><td>8歳</td><td>9歳</td><td>10歳</td><td>11歳</td><td>12歳</td></tr>
<tr><td colspan="2">職場</td><td>現在の会社</td><td>現在の会社</td><td>現在の会社</td><td>現在の会社</td><td>現在の会社</td></tr>
<tr><td rowspan="5">収入（手取）状況</td><td>A氏年収</td><td>480</td><td>510</td><td>520</td><td>530</td><td>540</td></tr>
<tr><td>A氏手取</td><td>365</td><td>380</td><td>394</td><td>402</td><td>410</td></tr>
<tr><td>奥さん年収</td><td>103</td><td>103</td><td>103</td><td>103</td><td>103</td></tr>
<tr><td>奥さん手取</td><td>90</td><td>90</td><td>90</td><td>90</td><td>90</td></tr>
<tr><td>夫婦手取</td><td>**455**</td><td>**470**</td><td>**484**</td><td>**492**</td><td>**500**</td></tr>
<tr><td colspan="2" rowspan="5">転職で成功する条件（転職用パーソナルSWOT分析で検討済み）</td><td colspan="5">① X作業、Y作業、Z作業までできるマルチタスクができる状態</td></tr>
<tr><td colspan="5">②生産管理のIT化、見える化の知識を高め、担当者や推進委員ができ</td></tr>
<tr><td colspan="5">③ QCDの各種作業を計測し、データ分析して、KPI設定とPDCAが回</td></tr>
<tr><td colspan="5">④ 業務改善委員を経験し、現場ムダムラムリ改善のアイデア出しや実</td></tr>
<tr><td colspan="5">⑤ 生産計画、生産管理、業務改善を入れた事業部計画の補佐ができる</td></tr>
<tr><td rowspan="12">キャリアアップ計画</td><td rowspan="3">スキルアップ内容</td><td>Y作業の補佐ができる</td><td>Y作業が1人でできる</td><td></td><td></td><td></td></tr>
<tr><td></td><td>Z作業の補佐ができる</td><td>Z作業が1人でできる</td><td></td><td></td></tr>
<tr><td></td><td></td><td></td><td></td><td></td></tr>
<tr><td rowspan="3">必要資格取得内容</td><td colspan="2">QC検定2級</td><td colspan="2">QC検定1級</td><td></td></tr>
<tr><td></td><td colspan="2">ビジネスキャリア検定生産管理2級</td><td colspan="2">ビジネスキャリア検定生産管理1級</td></tr>
<tr><td></td><td></td><td></td><td></td><td></td></tr>
<tr><td rowspan="3">チャレンジ項目</td><td></td><td></td><td colspan="3">製造部門のKPI目標設定のデータ解析とPDCA管理</td></tr>
<tr><td></td><td colspan="2">業務改善委員会 スタッフ</td><td colspan="2">業務改善委員会 委員長</td></tr>
<tr><td></td><td></td><td></td><td></td><td></td></tr>
</table>

Chapter 7　就職・転職のためのパーソナル SWOT 分析

2024 年	2025 年	2026 年	2027 年	2028 年	2029 年
45 歳	46 歳	47 歳	48 歳	49 歳	50 歳
43 歳	44 歳	45 歳	46 歳	47 歳	48 歳
15 歳	16 歳	17 歳	18 歳	19 歳	20 歳
13 歳	14 歳	15 歳	16 歳	17 歳	18 歳
転職 1 年目	転職 2 年目	転職 3 年目	転職 4 年目	転職 5 年目	転職 6 年目
640	650	660	670	680	690
475	480	485	490	495	500
103	103	103	103	103	103
90	90	90	90	90	90
565	570	575	580	585	590

る

せる

践をする

MEMO

独立起業を目指す人の
パーソナルSWOT分析

1 独立起業を目指すなら、まず「自分の棚卸」から

❶ 独立起業は戦略が必須

昔は「脱サラ」という言葉を使っていましたが、最近はより前向きな意味を込めて「起業」という表現をすることが多いようです。

組織のため会社のために粉骨砕身努力しても、業績が悪化したり、M&Aなどで会社組織が大きく変われば、安心して定年まで仕事ができる保証のない時代です。

さらに、昨今は仕事や人間関係などの問題でメンタル面で打撃を受け、健康を害することも少なくありません。

そんな環境の中で、1つの会社にしがみついていても、いいことはないと考える人が増えています。そして、定年間際まで頑張っても、そこからのセカンドライフのイメージが湧かないなら、早い段階で「独立起業」したほうがよいと考える人も増えているのです。

しかし、独立起業というのは、それなりにリスクもあり、誰でもうまくいくわけではありません。当然ですが、独立起業で成功するためには、相応の戦略や差別化がなければ、失敗に終わるケースも少なくないのが現実です。

❷「どの分野」「どの領域」で独立起業するかを決める

そこで Chapter 8 では、「独立起業で成功し、求める収入を獲得する」ための「パーソナル SWOT 分析」を考えていきたいと思います。

独立起業でいちばん大事なことは、「どの分野」「どの領域」で独立起業するかを決めることです。

もっともオーソドックスなのは、これまでの経験や自身が持っているノ

ウハウを活かす独立起業です。それなら、今後の戦略も描きやすいし、どこでどう差別化すべきか、どんなマーケティングをすればいいかもある程度予測可能だからです。

その反対に、じつはこれがいちばん失敗しやすいのですが、「まったく未経験の分野」で独立起業することです。

例えば、飲食関連とは無関係の仕事をしていた人が、「昔から飲食店をしたかったから、その夢を実現したい」といって、借金をして開店したものの、思うような収益を得られず、時を経ずして店じまいなんてことは枚挙にいとまがありません。

筆者の業界でもある「経営コンサルタント業界」ではよくある話です。ある業界で長年経験を積んだ人に、周囲の人が「あなたなら、説得力もあるし、この業界のノウハウがあるから、コンサルタントになっても成功するよ」と無責任なことを言います。その言葉に力を借りて、コンサルタントとして起業したとします。

しかし、この業界はそうそう簡単に生産性を上げ続けることはできません。何らかの優位性や差別化したコンテンツ、営業力、商品力が必要です。しかし、準備もなくいきなりコンサルタント起業した人には、そういうツールもパッケージも経験もありません。

だから、1〜2年程度は何とかやれても、3年、5年と続かず、再度サラリーマンに戻ったという事例もたくさんあります。

コンサルタント起業でも、どの分野でどう差別化するか、そして、どう営業していくかの「戦略」がなければうまくいかないわけです。

では、独立起業の分野を決める際のポイントはどういう点かを見てみましょう。ここでは、自分自身の「強み」や「経験」などの「自分自身の棚卸」から始めます。

自分自身の棚卸から、自分のスキル・実績・ノウハウなどの「強み」が明確になると、それを活かせる「独立起業分野」がある程度見えてきます。

次表（112〜113ページ）は、自分の今までの経験や実績、スキルを棚卸するための整理表です。

これに沿って、具体的に「強み」を書き出します。

そして、その「強み」が活かせる、またはその「強み」に対して対価を払う市場や顧客はどんなところかまで、細かく書いてみましょう。

すると、それがそのまま「狙うべき独立起業分野」になります。

次の表（114〜115ページ）は、長年、建設会社の管理者として現場管理の仕事に従事し、その経験やノウハウを武器に「建設業向けの経営コンサルタント起業」を目指した人の事例です。

■ 自分自身の「強み」「経験」「実績」などの棚卸

		独立起業に使える「強み」「実績」のヒント
強み（実績・スキル・ノウハウ）	1	今までの業界経験から求められるスキルで、あなたがもっている技能、資格、経験
	2	他人にもすぐわかる業務上の能力で、他の人より秀でていること
	3	経験のある業界について、今後の戦略や方向性に使えそうな自分のコンテンツ、アウトプットできるノウハウ
	4	ある分野、ある作業ではナンバーワンの実務スキル
	5	ある分野、ある作業をしているとき、時間を忘れて没頭してしまうこと
	6	今までの仕事で、この分野、この作業が好きだといえるもの
	7	他人の物まねではなく、ある分野、ある作業では、オリジナリティや創造性を意識していること
	8	ある分野、ある作業の結果、第三者から褒められることが多い
	9	この分野、この作業だったら、自分でマニュアルを作れる自信がある
	10	この分野、この作業だったら、自分がいちばん早くできる事項

Chapter 8 独立起業を目指す人のパーソナル SWOT 分析

建設業向けの経営コンサルタントはじつはたくさんいます。

その中で、どんな差別化・独自のブランディングをするかを検討するために、自分自身の棚卸をした結果、建設業向け経営コンサルタントというアバウトな打ち出しではなく、「建設業【見える化】【コスト削減】コンサルタント」というポジショニングで営業展開するようにしました。

ターゲットや独自の売り（USP）を打ち出すことで、独立起業後も、安定した事務所経営が可能になっていきます。

あなたの具体的な「強み」	その「強み」が活かせる分野、市場、顧客特性

■ 自分自身の「強み」「経験」「実績」などの棚卸（あるコンサルタント起業者の例）

		独立起業に使える「強み」「実績」のヒント
強み（実績・スキル・ノウハウ）	1	今までの業界経験から求められるスキルで、あなたがもっている技能、資格、経験
	2	他人にもすぐわかる業務上の能力で、他の人より秀でていること
	3	経験のある業界について、今後の戦略や方向性に使えそうな自分のコンテンツ、アウトプットできるノウハウ
	4	ある分野、ある作業ではナンバーワンの実務スキル
	5	ある分野、ある作業をしているとき、時間を忘れて没頭してしまうこと
	6	今までの仕事で、この分野、この作業が好きだといえるもの
	7	他人の物まねではなく、ある分野、ある作業では、オリジナリティや創造性を意識していること
	8	ある分野、ある作業の結果、第三者から褒められることが多い
	9	この分野、この作業だったら、自分でマニュアルを作れる自信がある
	10	この分野、この作業だったら、自分がいちばん早くできる事項

Chapter 8 独立起業を目指す人のパーソナル SWOT 分析

あなたの具体的な「強み」	その「強み」が活かせる分野、市場、顧客特性
施工管理技士をもち、長年建設業の現場代理人を経験しているので、現場管理のことがわかる	現場のことがわかる建設業向けの実務コンサルティングなら、実務請負型のニーズがある
図面どおりにできていなくても、状況判断して、短時間で現場で納まるアイデアを出せる	現場のノウハウをマニュアル化できるので、マニュアルがない中小建設業にはニーズがある
現場作業員の教育ノウハウ、指導を長年してきてマニュアルも作ってきた	現場員の高齢化、人手不足から海外人材の登用が増えていくので、教育機能がない中小建設業にはニーズがある
現場管理マニュアルや手順書を作ってきた	過去の事例が自分の PC にはあり、それをベースにすぐに提供できるので、クライアントはお試しの依頼がしやすい
マニュアル作成や、いろいろな不測の事態を考慮した工程表を作成した経験がある	
動画を撮って、テロップなどを入れて編集し、現場動画マニュアルが作れる	中小建設業向けの「現場マニュアル」「見える化ツール」「動画ツール」を作成できるので、具体的な教育管理ツールが提供できる
現場管理の「見える化」を推進して、経営者や工務部長から褒められた	
重機などの設備投資回収計画、現場コスト削減、ムダ外注発注抑制の厳格工程管理	中小建設業向けに「プロの視点から建設現場のコスト削減コンサルティング」が展開可能

2 パーソナル積極戦略として 独立起業分野でのUSPを明確化

❶ 経験分野の独立起業も USP がなければ価格競争に嵌る

さきほどの棚卸で、ある程度、その「強み」が活かせる分野や顧客ニーズは見えてきたと思います。

次に、事例の「建設業向け経営コンサルタント起業者」のように、独自の USP をつくることが重要になります。

どの分野での独立起業であれ、既存の概念やメソッド、進め方では差別化できません。差別化や独自化ができないと、独立起業しても、そのまま「価格競争」に陥り、収入計画も描けなくなってきます。

独立起業するなら、今までの市場（自分が独立起業で参入する分野）で、新たな切り口やぐっと絞り込んだ提案など、独自性や差別化があるほうが、高付加価値、高価格路線を打ち出しやすいものです。

しかしそうはいっても、従来の独立起業で多かったのは、

- 会社から独立して、直接請け負ったほうが安く提案できるし、売上がそのまま収入になる
- 顧客から「独立したら、あなたに直接仕事をお願いする」といわれた
- 同業の知り合いから、同じビジネスで一緒に会社を立ち上げないかと誘われた

こういう自分の経験分野からのものです。

しかし、独立した当初はよくても、時間の経過とともに、徐々に「価格競争」のジレンマに陥ります。なぜなら、「**あなたでなければならない理由＝ USP**」がないからです。

最初は人間関係で発注してくれたお客様も、「個人でやっているんだから、もっと安くしてよ」と要望するようになるでしょう。

Chapter 8 独立起業を目指す人のパーソナル SWOT 分析

また、過去の会社の金看板が使えないと、創業間もない事業者としての信用度が低いことから、新規開拓しても低価格受注を余儀なくされます。

❷ そう甘くないコンサルタントとしての独立

筆者がいるコンサルタント業界がまさにそれです。大手コンサルタント会社で、それなりに高い生産性があり、年収も 1,000 万円ぐらいある優秀なコンサルタントが、所属するファームから独立するとします。

最初こそ、大手コンサルタント会社時代のクライアントから以前の高報酬がもらえるでしょう。それは計算済みのはず。年収が 1,000 万円あったということは、そのコンサルタント会社に対して、年間 3,000 万円以上の粗利貢献をしていたのでしょう。

単純計算すれば、年収 1,000 万円 ➡ 年収 3,000 万円に増えるような錯覚になります。

しかし、そこにはいくつかの落とし穴があります。

コンサルティングだけをしていればよかった大手コンサルタント会社時代でしたが、独立すると雑務（総務・経理業務）に追われます。

また、これまでノウハウやコンテンツは会社からいくらでももらえたのに、全部自分が一から作らなければならない、セミナーやプロジェクトを組むとそれなりの外注費がかかる……。

じつはそういう目に見えない経費や負担、煩わしさが発生して、3,000万円の粗利を維持することは困難になります。すると、大手コンサルタント会社時代の年収 1,000 万円をもらっていたときよりも、可処分所得は少なくなるケースも出てくるわけです。

しかも、新規開拓をする際、大手コンサルタント会社時代の価格は通用せず、個人業者としての価格を要求されることもあります。

❸ 個人ブランディングは必須

もし、そういう状況になるのを防ぎたければ、高額受注が可能な「ブランディング」をしなければなりません。

「コンサルタント料が高くても、〇〇先生にお願いしたい」といわれるような、独自性やブランディングをすることです。

要は「価格競争」にならないための USP をつくらなければ、独立起業しても、思うような年収にはならないということです。

❹ パーソナル SWOT 分析による「積極戦略」の組み立て

そこで、USP をつくるために、パーソナル SWOT 分析を使って「強み」×「機会」＝「積極戦略」を組み立てていきましょう。114 〜 115 ページに戻って棚卸シートを見てください。

「強み」は棚卸シートの真ん中です。

「機会」は、右側の棚卸シートの右側の「その強みが活かせる分野・市場・顧客特性」です。

「積極戦略」はその掛け合わせで、具体的な戦略や作戦を抽出することで、それを USP やブランディングにつなげていくわけです。

ビジネス SWOT 分析であれパーソナル SWOT 分析であれ、共通しているのは、「固有の」「具体的な」「細分化した」表現を意識することです。

SWOT 分析をうまく使いこなせない人の中身を見ると、抽象論、あるべき論、普通名詞のオンパレードで、リアル感がないのです。

では、さきほどの建設業経営コンサルタントとして独立起業した建設会社の幹部 A 氏を「パーソナル SWOT 分析」すると、どういう積極戦略になったかを見ていきましょう（120 〜 121 ページ）。

❺ 中小建設業で必要とされる特定分野のコンサルティング

「機会」と「強み」は前述したとおりなので、ここでは、「機会」×「強み」＝「積極戦略」として、具体的な戦略や具体策を検討します。

ここでいう掛け算とは、「機会」というニーズに対して、自身の「強み」をどう展開すれば、ニッチニーズやニッチ市場に対して、アドバンテージが出せるかを明確化することです。

それを「USP」（Unique Selling Proposition）と呼びます。

Chapter 8 独立起業を目指す人のパーソナル SWOT 分析

　事例の建設業経営コンサルタントを目指す人は、一般的な経営コンサルティングでは差別化できないので、どこまで小さくセグメント化して深掘りできるかがカギでした。

　イメージとしては、「何でもできる経営コンサルタント」ではなく、「ある特定の分野の秀でていることはどこか」に着目し、それに沿った商品づくりまで企画しました。

　その結果、ターゲットを建設業特化型にしたうえで、さらに「実務工程管理顧問」という新サービスや、現場動画教育マニュアル、コスト削減動画マニュアルやそれに関連するセミナーを打ち出すことなどを確定しました。

　次に、戦略が決まったことで、今後はいつ独立起業するか、そのためにはどんな準備をするか、起業後のロケットスタートの仕方、中期的な目標などを戦略として組み立て、それらを次の「5か年ビジョン・アクションプラン」として書き出しました。

　ちなみに【パーソナル SWOT 分析】の左上の CO（コーディネーター）にあるのは「SWOT 分析をコーディネーター」した筆者のことです。

■ パーソナル SWOT 分析（独立起業事例）

氏　名	A 氏（〇〇建設）	年　齢	40 歳
実施日	2018 年 12 月 27 日	CO	嶋田利広
目　的	今の会社での収入増の限界から独立起業戦略を決めるため		
	今の自分のレベルでコンサル独立起業が可能かを知るため		

	機　会
1	現場のことがわかる建設業向けの実務コンサルティングなら、実務請負型のニーズがある
2	現場のノウハウをマニュアル化できるので、マニュアルがない中小建設業にはニーズがある
3	現場作業員の高齢化、人手不足から、海外人材の登用が増えていくので、教育機能がない中小建設業にはニーズがある
4	過去の事例が自分の PC にはあり、それをベースにすぐに提供できるので、クライアントはお試しの依頼がしやすい
5	中小建設業向けの「現場マニュアル」「見える化ツール」「動画ツール」を作成できるので、具体的な教育管理ツールを提供できる
6	中小建設業向けに「プロの視点から建設現場のコスト削減コンサルティング」のニーズがある

Chapter 8 独立起業を目指す人のパーソナル SWOT 分析

	強 み
A	1 級施工管理技士を持ち、長年建設業の現場代理人を経験しているので、現場管理のことがわかる
B	図面どおりに現場の納まりができなくても、状況判断して、短時間で納まりのアイデアを出せる
C	「現場作業員の教育ノウハウがあり、現場での指導を長年してきており、マニュアルも作ってきた
D	現場管理マニュアルや手順書を作ってきた
E	マニュアル作成や、いろいろな不測の事態を考慮した工程表を作成した経験がある
F	現場管理の「見える化」を推進して、経営者や工務部長から褒められた
G	重機などの設備投資回収計画、現場コスト削減、ムダ外注発注抑制の厳格工程管理ができる
組合せ	パーソナル積極戦略（機会×強み）
1-A	一般的なコンサルティングではなく、実務工程管理顧問として週 1 日現場指導や工程会議の参加などを商品化する（今の外注先や紹介をもらって、実績をつくる。まず 10 万円 / 月の顧問先を 3 〜 5 社確保）
2.3.5-CDEF	現場マニュアルの作り方や事例を動画で解説し YouTube に多数アップ。Facebook にも掲載。現場マニュアル、動画マニュアルづくりのポイントなどのミニセミナーを開催し、見込み客を確保する（FAX、DM でセミナー告知。動画マニュアルのパッケージ商品を作成。30 動画で 100 万円）
6-G	現場コスト削減事例を動画で YouTube に多数アップ。Facebook にも掲載。現場コスト削減、ムダな外注管理、設備コスト削減のミニセミナーを開催し、見込み客を確保する（FAX、DM でセミナー告知。いきなり顧問契約だけでなく、研修商品、セミナー会員制度の商品を用意し、フロントエンド商品にする）

3 「5か年ビジョン・アクションプラン」の作成

　パーソナル SWOT 分析によって独立起業の戦略や差別化が決まれば、今度はそれを実践するための中期ビジョンやアクションプランを明確にしなければなりません。

　自分の思いだけで独立起業する人が失敗しやすい理由は、この中期ビジョン・アクションプランがなく、行き当たりばったりで独立起業するからです。

　どんなに戦略がよくても、計画性や中期目標がなければ、途中で方向性を見失い、創業時の思いとは異なる現実ばかりに右往左往することになりかねません。

　では、「5か年ビジョン・アクションプラン」はどのようにして作成するのでしょうか。

　ここで大事なことは、「独立起業を心の中で決めたとき」からがスタートであるということです。

　独立起業の成否を決めるのは、「おカネ」と「顧客」と「商品」です。

　それを、独立起業前からどう準備するか、収入と売上をどんな目標にするか ── 独立起業後、高い売上や高い年収目標があるなら、それに相応しい「戦略商品」や「顧客戦略」が必要です。

　仮に、今の年収くらいがあればよいという消極的なレベルの目標だとしても、今の売上が今後も続くという保証がない以上、新商品づくり、新規客開拓をし続けなければなりません。

　おカネに関しては、創業時は収入が激減し、支出のみが増える傾向があります。

それはそのまま家計収入の低下を意味します。したがって、その補填資金をどこからもってくるのか、何年後に今の年収を超えるのか、それも結局は「顧客」と「商品」次第なのです。

独立起業前に、目標売上に関係なく、「おカネ」と「顧客」と「商品」をどう詳細に準備し、創業後にロケットスタートが切れるかを考えます。

前述の「建設業経営コンサルタントへ転身」を希望している人のケースから見ていきましょう。

パーソナル SWOT 分析で、USP や独自商品づくりを決めました。

しかし、それだけでは、何からどう手をつけるかが不明です。

そこで、次表の「5 か年ビジョン・アクションプラン」を作成します。

この「5 か年ビジョン・アクションプラン」では、下記の 9 つを具体的に決めます。

---

① 目標年収（額面）
② 必要売上
③ 起業に伴う必要資金
④ 資金手当内容
⑤ 独立起業分野（USP）
⑥ USP につながる KSF（重要成功要因）
⑦ 目標実現のための KPI（重要業績指標）
⑧ 独立起業までの準備、アクションプラン
⑨ 独立起業後のアクション

この 9 つの事項についてどんなことに留意すべきか、1 つずつ見ていきましょう。

❶ 目標年収（額面）

サラリーマン時代の確定年収と、独立起業後にいくらの年収が欲しいのか？　事業内容によっては年収と売上が同じというフリーランサーもいる

でしょう。また、生活設計から、どうしても今のサラリーマン時代の年収の2倍が欲しいと目標を出す人もいるでしょう。いずれにしても、個人年収目標は、独立起業のモチベーションにもなるので重要です。

❷ 必要売上

上記の年収を獲得するには、いくらの売上が必要かを考えます。売上と年収の違いはというと、事業をするうえで必要な経費や支出を差し引いた残りが事業者収入となります。最初から法人化すれば、当人の給与所得が年収になります。

必要売上はビジョンと連動します。どんなビジョンや数値目標を打ち出すかでモチベーションアップにもなります。

❸ 起業に伴う必要資金

この資金計画は多めに見積もることをお勧めします。実際の独立起業では、当初予定しない経費がいろいろとかかります。独立起業前の実施項目と照らし合わせながら、必要支出を計算します。それと、独立起業後にすぐ収入がない場合を考えると、家計への生活費補填も計算しておく必要があります。

❹ 資金手当内容

独立起業の資金準備は、主に貯蓄の切り崩し、金融機関の新規創業融資、加入している保険からの借入、その他親族や友人からの借入などが代表的なものです。ここで貯蓄がない、保険にも入っていないとなると、創業融資や知り合いからの借入に依存することになります。創業融資も思ったほど出ないケースもあり、やはり貯蓄や保険は大事な事前対策となります。

❺ 独立起業分野（USP）

これは、パーソナルSWOT分析で抽出された戦略内容を再度記載します。

❻ USP につながる KSF（重要成功要因）

USP は「積極戦略」に書かれた内容になります。

では、その USP を世間に認知してもらい、受注活動を円滑に進めるための重要な要素は何か？

それを KSF（key success factor ＝重要成功要因）と呼んでいます。

独立起業後にいちばん大事なことは顧客づくり(集客)です。この KSF は、USP を実行していく集客のために必要なアウトプットやコンテンツといえます。

❼ 目標実現のための KPI（重要業績指標）

独立起業のパーソナル SWOT 分析で、商品戦略や顧客戦略を決めたとしても、それを実現するには、事前の準備や詳細目標を計画的に実現していかなければなりません。

KSF に対して、実行状況がモニタリングできる指標、それが KPI です。KPI とは Key Performance Indicator ＝重要業績指標と呼ばれるもので、売上目標、顧客数目標を達成するには、「どういう行動要素の数値をクリアしないと、この目標が達成されないか」を示すものです。

KPI は具体的で、その KPI 実現のために各種の行動対策がこのアクションプランに入っていなければなりません。

ちなみに、売上や年収は KGI（Key Goal Indicator ＝重要目標達成指標）といいます。

つまり、この KGI を実現するための重要な成功要因（戦略要素）が KSF なのです。

この重要成功要因は、SWOT 分析の「積極戦略」に記載されているはずです。

❽ 独立起業までの準備、アクションプラン

さきほどの KPI のための対策、独立起業後にロケットスタートを切るための各種事前準備を具体的に書きます。

■ 独立起業 5 か年ビジョン・アクションプラン

年　度	2019 年			2020 年		
年　齢						
所　属						
目標年収（額面）						
必要売上						
起業に伴う必要資金						
資金手当内容						
独立起業分野（USP）						
USP につながる KSF（重要成功要因）（どんなアウトプットを出すか）						
目標実現のための KPI（重要業績指標）						
独立起業までの準備アクションプラン						
独立起業後のアクション						

Chapter 8 独立起業を目指す人のパーソナル SWOT 分析

会社名	
氏名	
CO	
作成日	

2021 年			2022 年			2023 年		

個人事務所に必要な購入物や事務所インフラの契約、今後の保険、業界の情報収集、Web サイト作成、創業融資などの税理士や商工会窓口への相談などの各種手続きが事前準備となります。

また、独立起業後に活用するノウハウ、データ、書式、人脈などのストックを前職時代に整理しておくことです。

前職中に表立って行動できないことでも、水面下でしっかり準備しておくことが大事です。

❾ 独立起業後のアクション

独立起業したら、しっかりした行動計画のもと、受注活動、PR 活動を行います。ここで大事なことは、独立起業後のビジョンを明確にすることです。

KPI に記載された目標を実現するための行動を詳細に決めます。この独立起業後のアクションプランをどこまで実行できるかで、その後の結果が大きく変わります。

このように独立起業を目指す場合は、パーソナル SWOT 分析で明確な戦略を準備し、それに伴う計画を緻密に立てていくことが、「失敗しない独立起業」につながっていくのです。

Chapter 8 独立起業を目指す人のパーソナル SWOT 分析

④ 「5か年ビジョン・アクションプラン」の事例

　さきほどの建設会社に勤務し、建設業経営コンサルタントで独立起業を目指すケースでの「5か年ビジョン・アクションプラン」はどういうものか、事例から見ていきましょう。

　パーソナル SWOT 分析によって抽出された「積極戦略」が、この人のUSP でした。

　その USP を実現するために KSF（重要成功要因）を整理します。ここでは、この USP を建設業経営者や幹部に認知してもらうためマーケティング対策を決めて、どんなアウトプットやコンテンツを出すかを整理しました。

　彼の場合、当面はブログ、メルマガ、facebook、動画、そして、独立起業後に着手した商品パッケージ、電子書籍、小冊子、そして出版が KSF となっていました。

　この KSF に対して、以下の「目標実現のための KPI（重要業績指標）」が決められます。

　例えば、ブログ、メルマガ、facebook 記事のストック数、会員数、配信数、セミナー数やセミナー会員数、そして商品パッケージの受注数量がKPI となっています。

　「独立起業までの準備、アクションプラン」では、独立起業前に奥さんの承諾を得ること、コンサルタント分野の情報収集や研修受講、独立後の万が一に対して保険の増額、現職時代にどんなノウハウを蓄積できるかを計画しています。

■ 独立起業 5 か年ビジョン アクションプラン（事例）

年　度	2019 年	2020 年
年　齢	40 歳	41 歳
所　属	現職場	現職場
年収目標（額面）	600 万円	610 万円
必要売上	―	―
起業に伴う必要資金	―	―
資金手当内容		
独立起業分野（USP）		
USP につながる KSF（重要成功要因）（どんなアウトプットを出すか）	●建設経営コンサルティングの実践ブログ、メルマガ、facebook	
	●現場教育用動画の作成	
	●実務工程管理顧問、動画マニュアルパッケージの型決め	
	●ミニセミナーの継続開催	
	●電子書籍、小冊子、出版実績	
目標実現のための KPI（重要業績指標）	facebook でフォロワー数 100 確保	
	起業後のブログメルマガ記事 50 ～ 100 本	
	現職場で動画教育マニュアル制作（サンプル保存 20 本）	
独立起業までの準備アクションプラン	妻の了承取り付け	退職願の提出（退職 6 か月前）と了承
	コンサルタントの実態調査	経営コンサルタント養成講座受講
		保険料の増額
		前職時代のノウハウ、書式、データ、
		Web の同業者の情報収集
独立起業後のアクション		

Chapter 8 独立起業を目指す人のパーソナル SWOT 分析

会社名	現職（○○建設）
氏名	A 氏
CO	嶋田
作成日	2019 年 1 月

2021 年	2022 年	2023 年
42 歳	43 歳	44 歳
独立起業	独立起業	独立起業
400 万円（半年後独立）	700 万円	1000 万円
300 万円	1000 万円	1500 万円
500 万円		
新規創業融資で 200 万円		
貯金の取り崩しで 200 万円		
保険からの借入 100 万円		
建設業専門【現場可視化】経営コンサルタント		
記事の継続的配信		
ミニセミナー 5 本	ミニセミナー 10 本	ミニセミナー 10 本
メルマガ会員 30 件	メルマガ会員 100 件	メルマガ会員 300 件
YouTube 動画アップ数 20 本	YouTube 動画アップ数 30 本	YouTube 動画アップ数 50 本
実務工程管理顧問 （3 社×10 万円 / 月）	実務工程管理顧問 （5 社×10 万円 / 月）	実務工程管理顧問 （6 社×10 万円 / 月）
	動画マニュアルづくり 3 社 （50 万円 / 社）	動画マニュアルづくり 3 社 （50 万円 / 社）
セミナー会員 10 名	セミナー会員 30 名	セミナー会員 50 名
		現場教育動画パッケージの Web 販売（5 万円 / 本）
所得補償保険の加入		
中古品の事務機器購入		
OA、Wi-Fi 関係購入		
人脈などの再整理		
Web サイトオープン	確定申告までに税理士に相談	
商工会議所加入		
メルマガ・ブログ発行		
facebook 広告でメルマガリスト収集		
建設業関連団体へ FAX、DM でセミナー受注		
電子書籍発行		
		処女作出版

さらに、開業前後には、備品購入、各種のインフラ（オフィス環境等）の契約、税金対策、経理処理の準備など、細々としたものが計画に入ります。

こういうところを見落とすと、創業後に営業に急ブレーキがかかります。

「独立起業後のアクション」は、実際の受注活動や人脈づくり、各種団体への加盟、セミナー実施、SNS の配信などです。

独立起業の「勝ち組」になるかどうかは、「準備」と「USP」と「アクションプラン」次第です。

キャリアデザインを可視化するワークライフコーディネート

1 ワークライフコーディネーター（WLC）とは

　これまで述べてきたパーソナル SWOT 分析から、5 か年ビジョン・アクションプランまでを、クライアント（個人）と一緒に検討しながら、個人ブランド等の戦略を組み立てていく協力者を、私は「ワークライフコーディネーター（Work Life Coordinator ＝ WLC）と呼んでいます。

　WLC は、職業の再設計を通じて、

- 不景気でもリストラされない「自分ブランド」を確立したい
- 社内での年収増を図りたい
- 転職をして新天地で活躍したい
- 独立起業で、自己実現を目指したい

そういうクライアント（個人）に対してコンサルティングします。

　つまり、WLC とは、カウンセリングやコーチングをしながら、ヒントを与え、クライアントから思いや具体策を聞き出し、それを「文書化」して、各種のフレームにどんどん記入しながら組み立てていく人、そう定義づけできると思います。

　WLC 機能を持つ専門家とは、

- 人事部で人材開発を担当する人
- キャリアコンサルタント
- 創業融資のコンサルティグをしている会計事務所
- 新規創業の経営相談をする中小企業診断士
- 保険を取り扱う生保営業
- マネーカウンセリングをするファイナンシャルプランナー

などで、それぞれが WLC の仕事に該当します。士業やこのような役割を持つ人は、WLC を差別化の武器として売り込むことが可能になります。

Chapter 9 キャリアデザインを可視化するワークライフコーディネート

② WLC はクライアントと一緒に キャリアデザインを検討する

　WLC（ワークライフコーディネーター）のような、コンサルタント的な役割が必要となる理由は、じつは「自分のことをいちばん分析しにくいのは自分」だからです。自分の資質や能力を冷徹に見極めて分析していくのは自分以外の人のほうが適しています。キャリアコンサルタントはまさにそういう役割を担っています。

　WLC は、パーソナル SWOT 分析の手法などを使って、クライアント（個人）が潜在的に思っていることから、本人の独自性や差別化する戦略を明確にしていきます。

　さらに、それに基づいて、年収増を図る戦略とアクションプランを連動させたものを「可視化」していきます。

　では、どういうことをヒアリングしながら、ヒントを出しながら、協議しながら、文字や数値として「可視化」していくのでしょうか。

❶ 生活設計のために必要な収入額の確定（ライフイベントと必要資金整理）

Chapter 1 で述べた「ライフイベントと必要資金整理表」を見ながら、今の収入、今後の昇給可能性も入れて、本人の要望の支出を記入していきます。ここで「今考えているライフイベントを実行すれば、いくら不足するのか」を明らかにします。

❷ 将来の職業設計方針を決める（今の会社を辞めるメリット・デメリットの整理）

「今の職場で努力し、会社に貢献して年収増を目指すか」、または「新天

135

■ ライフイベントと資金需要　氏名（　　　　　　　　）　年齢（　　歳）

	年齢	2019 年	2020 年	2021 年	2022 年	2023 年
家族	本人					
	奥さん					
	子ども C					
	子ども D					
収入 （手取り） 状況	本人年収					
	本人手取					
	奥さん年収					
	奥さん手取					
	夫婦手取	0	0	0	0	0
ライフ イベント	クルマ等大型投資					
	住宅リフォーム等					
	自己啓発学習					
	子ども C （学校以外の教育費）					
	子ども D （学校以外の教育費）					
	旅行関連					
	親の介護等					
ライフ イベント 支出	クルマローン					
	住宅ローン					
	自己啓発学習					
	子ども C の教育費					
	子ども D の教育費					
	旅行					
	親の介護支出					
	ライフイベント 支出計					
	手取残り	0	0	0	0	0
固定支出	食費（外食込）					
	水道光熱通信費					
	保険料					
	服飾美容					
	交際費					
	小遣い					
	通信費					
	固定支出 計	0	0	0	0	0
ライフイベント＋固定支出 合計		0	0	0	0	0
貯蓄可能額		0	0	0	0	0

Chapter 9 キャリアデザインを可視化するワークライフコーディネート

2024 年	2025 年	2026 年	2027 年	2028 年	2029 年
0	0	0	0	0	0
0	0	0	0	0	0
0	0	0	0	0	0
0	0	0	0	0	0
0	0	0	0	0	0

地として転職や独立の選択をするか」の方針を議論します。

WLC は、クライアントの心の声をヒアリングで聞き出しながら、いろいろなケースのヒントを与えて、バランスよく検討してもらいます。クライアントが「いずれ会社を辞めたい」と思い込んでいる場合でも、「辞めないメリット」をとことん考えてもらうことが大事です。

「辞める」ということは、新たな仕事が従来の仕事と関連するものでない限り、これまでのキャリアが生かされず、「経験」という自分の最大の資源が台無しになるからです。

それでも、「辞めたい」というなら、しっかり「パーソナル SWOT 分析」を行い、辞めても「生きていける術」を在職中に身に着けておくようにアドバイスします。

❸ 独自の「自分ブランド戦略」

在職で頑張るか、転職か、独立起業かの方針を選択したら、それぞれについてヒアリングしながら、【パーソナル SWOT 分析】のフレームに書き込みます（140 〜 141 ページ）。

主に「機会」「強み」「弱み」そして、クロス分析である「積極戦略」「改善戦略」を中心に、クライアントと協議しながら記入していきます。

Chapter 9 キャリアデザインを可視化するワークライフコーディネート

■ 今の会社に残るメリット・デメリット整理表（再掲）

分類	今の会社に残るメリット	今の会社に残るデメリット
仕事面		
収入面		
健康面		
家庭環境面		

■【パーソナルＳＷＯＴ分析】のフレーム（記入シート）

（機会×強み＝積極戦略）
（機会×弱み＝改善戦略）

会社名	
氏　名	
CO	
作成日	

	機会（Opportunity）
外部環境	

Chapter 9 キャリアデザインを可視化するワークライフコーディネート

	強み（Strengths）	弱み（Weaknesses）
内部要因		

【機会】×【強み】＝【積極戦略】			【機会】×【弱み】＝【改善戦略】		

141

❹ 選択した将来設計の収入計画をイメージする（キャリアプラン 10 か年計画）

前作業で、社内でのポジションアップか、転職か、独立起業かでそれぞれについてパーソナル SWOT 分析を実施しました。

社内でのポジションアップの場合は、パーソナル SWOT 分析の「積極戦略」から生まれた具体策を「キャリアプラン 10 か年計画」として書き出します。

■ キャリアプラン 10 か年計画　氏名（　　　　　　　　　）　年齢（　　　歳）

年度		2019 年	2020 年	2021 年	2022 年	2023 年
年齢						
キャリアアップ計画	スキルアップ内容					
	必要資格取得内容					
	チャレンジ項目					
	役職					
	等級					
	年収目標					

転職の方針の場合は、「転職を成功させる付加価値アップ計画」を聞きながら書き出します（144 〜 145 ページ）。

❺ 5 か年の詳細な行動計画（5 か年ビジョン・アクション）

独立起業を選択した場合は、パーソナル SWOT 分析をもとに、具体的な「5 か年ビジョン・アクションプラン」を聞きながら書き出します（146 〜 147 ページ）。

2024 年	2025 年	2026 年	2027 年	2028 年	2029 年

■ 転職を成功させる付加価値アップ計画　氏名（　　　　　　　）　年齢（　　歳）

年度	2019 年	2020 年	2021 年	2022 年	2023 年
年齢					
家族 A氏					
奥さん					
子どもC					
子どもD					
職場					
収入（手取）状況 A氏年収					
A氏手取					
奥さん年収					
奥さん手取					
夫婦手取					
転職で成功する条件（転職用パーソナルSWOT分析で検討済み） ①					
②					
③					
④					
⑤					
キャリアアップ計画 スキルアップ内容					
必要資格取得内容					
チャレンジ項目					

Chapter 9 キャリアデザインを可視化するワークライフコーディネート

2024 年	2025 年	2026 年	2027 年	2028 年	2029 年

■ 独立起業 5 か年ビジョン・アクションプラン

年　度	2019 年			2020 年		
年　齢						
所　属						
年収目標（額面）						
必要売上						
起業に伴う必要資金						
資金手当内容						
独立起業分野（USP）						
USP につながる KSF（重要成功要因）（どんなアウトプットを出すか）						
目標実現のための KPI（重要業績指標）						
独立起業までの準備アクションプラン						
独立起業後のアクション						

Chapter 9 キャリアデザインを可視化するワークライフコーディネート

会社名	
氏名	
CO	
作成日	

2021 年			2022 年			2023 年		

3 必要な貯蓄、借入、保険を計画する

　クライアントに一緒に寄り添いながら、将来の人生設計を検討するWLCは、クライアントのリスクマネジメントを意識して、「キャリアプラン10か年計画」や「付加価値アップ計画」「5か年ビジョン・アクションプラン」を記入していきます。

　当然、そこでは「おカネ」をどうするかという課題も一緒に検討することになります。

　その資金対策として、貯蓄、保険、借入などをクライアントの価値観、人生設計に合わせて提案します。

　クライアントは「おカネの専門家」ではないので、金銭リスクに対して甘い場合があります。WLCはそれを考慮して、クライアントのワークライフ設計に沿った「最適なおカネ対策」を提案していく必要があります。

　もし、WLCが「おカネの専門家」でなければ、信頼できる「おカネの専門家」（財務コンサルタント、生保営業、FP等）を紹介してもらい、相談に乗ってもらうことも必要かもしれません。

Chapter 9　キャリアデザインを可視化するワークライフコーディネート

4　パーソナル SWOT 分析で ワークライフを再設計

Chapter 1 で述べたように、今後の外部環境は、今まで以上に「勝ち組」「負け組」がはっきりする時代です。

読者の方はご存知かもしれませんが、「2：6：2の法則」というものがあります。「働きアリの法則」とも呼ばれます。

組織やグループは「2割のよく働く優秀な人」「6割の普通の人」「2割のあまり働かない人」という構成で成り立っているというものです。

最初の2割は、第三者からいわれなくても、自ら気づき、着々と「自分ブランド」をつくり、社内であれ、転職であれ、独立起業であれ、積極的なアクションをしていくタイプです。

こんな人だったら、WLC は「クライアントの思いを文字化する」だけで十分に役立つことがができるでしょう。

最後の2割は、世間が大きく変わったのに、何の行動もしなくてただ右往左往しているだけで、後は神頼み、政府頼みで、自らの人生の再設計をしない人です。

能力も意識もなく、受け身で、周囲や配偶者がどんなに働きかけても、動かずまたは動けないタイプです。こんな人は、WLC がいくら提案しても理解してくれないでしょう。

WLC がいちばん役に立てるのは、真ん中の6割、日本人で圧倒的に多いゾーンです。

このゾーンの人は「このままではまずい」という危機意識は持っています。しかし、いろいろなしがらみや、自信の欠如、周囲の眼などから決断できないでいる状況の人です。

今の組織の庇護から解き放たれることへの恐怖もあるでしょう。本音で

は、今の組織は決して自分の将来を守ってくれないとわかっているのに、です。

　そういう人の場合は、パーソナル SWOT 分析を使って、新たな世界（職業生活の再設計）に向けて、一緒に考えてプランニングしていくことになります。

　そして、後に「あのとき、あなた（WLC）がロジカルにワークライフの再設計を後押ししてくれたらから今の自分があるんです」といわれることが WLC にとってなによりの評価なのです。

おわりに

　私はこれまで、会社や医療法人・社会福祉法人等の200を超える事業所で、また数十人の個人に対してSWOT分析を使って戦略立案などのサポートをしてきました。

　このメソッドの有効性はいうまでもありませんが、これまでの経験から「論理的に納得した戦略や未来像がわかると、人は笑顔になり、自ら行動する」ということがはっきりしてきました。だからこそ成果が出やすいのです。

　会社が社員のキャリアデザインに関与することがありますが、将来のキャリアや改善策をいくら提案しても、当該社員が心底納得していない場合は、「そんなことをしたって意味がない」「無理に決まっている」などと思いながらの行動となり、なかなか成果は上がりません。

　本書では企業などの戦略構築に活用するSWOT分析を個人用に解説してきましたが、個人の分析と戦略構築は、その人の気持ち次第でどうにでもなっていくという特徴があります。企業における冷徹な分析でなく、個人では、思いや好みなど感情的な部分が大きく影響するのです。

　したがって、感情や一時的な気の迷い、思い込みに左右されず、客観的に「機会」×「強み」=「積極戦略」や、「機会」×「弱み」=「改善戦略」というように、最適解のキャリアデザインを導いてくれる第三者の存在が必要不可欠だと思います。

　Chapter 9で述べた「ワークライフコーディネーター（WLC）」こそがこの第三者にあたります。ここで示したWLCの大事なスキルは、「ヒント力」「コーチング力」「文字化力」の3つの力です。

　私が個人に「パーソナルSWOT分析」を実施した経験でも、いろいろな質問やヒントを与えるうちに、クライアント自身が気づき、自ら答えを発見するケースが何度もありました。そういう第三者の質問やヒント、誘導があるほうが、最適解のキャリアデザインを構築しやすいのです。

私が毎年主催しているSWOT分析ノウハウやスキル向上を目指した国内唯一の「SWOT分析スキル検定」では、徹底したロールプレイングを通じて、そのコーディネート力向上を目指しています。

　SWOT分析スキル検定は、初級、中級を含めて、年2～3回開催し、これまでに延べ200名の方が受講し、そのスキルをクライアントのために活用しています。

　本書で紹介した「パーソナルSWOT分析」を進めるWLCのスキルを、今後開催するSWOT分析スキル検定のカリキュラムに追加し、法人・個人に対して「SWOT分析」の輪を広げていこうと考えています。ご興味のある方は、下記のQRコードからお申し込みください。

　最後に、本書の内容が読者の皆様のよりよい人生設計のお役に立てることを切に願っております。

株式会社 アールイー経営 代表取締役　嶋田 利広

SWOT分析スキル検定ホームページ
https://swotkentei.com/

《*Profile*》

嶋田 利広（しまだ・としひろ）

㈱アールイー経営代表取締役　経営コンサルタント歴 32 年　産業カウンセラー

1962 年、大分県日田市生まれ。熊本商科大学経済学部卒。
全国展開の経営コンサルタント会社で修行し、所長、取締役部長を経て、1999 年に
㈱アールイー経営を設立、代表取締役に就任。東京、九州を中心にこれまで 350 社の
中小企業、病院・介護施設、会計事務所などの経営改革、経営計画、役員教育、戦
略アドバイス等のコンサルティングおよび、講演、研修等を展開。
中小企業の SWOT 分析第一人者として、200 件以上の SWOT 分析および 700 人以上
の SWOT 分析コーディネーターを育成する。「わかりやすい」「面白い」「リズミカル」「即
実践できる」講演は高く評価されている。
2017 年には SWOT 分析スキルの普及啓蒙活動として「SWOT 分析スキル検定」を設
立し、東京を中心に資格取得講座を開催している。
SWOT 分析関連著書に『中小企業の SWOT 分析』『SWOT 分析による経営改善計画
書作成マニュアル』『SWOT 分析コーチングメソッド』『経営承継を成功させる実践
SWOT 分析』（いずれもマネジメント社刊）がある。また、『日経ビジネスアソシエ ビ
ジネスプロフェッショナルの教科書』に SWOT 分析カテゴリーで唯一取り上げられる。
また 2019 年から「経営承継戦略アドバイザー検定」を設立し、専門家の養成に力を
注いでいる。その他著書多数。

■問い合わせ・連絡先
　株式会社アールイー経営
　〒 860-0833　熊本市中央区平成 3-9-20　TEL：096-334-5777　FAX：096-334-5778
　● メールアドレス　consult@re-keiei.com
　● ホームページ　http://www.re-keiei.com/
　● 嶋田利広ブログ【ここだけの話】　https://re-keiei.com/shimada-blog/
　● 嶋田利広の SWOT 分析とコンサルタント事務所経営【メルマガ】
　　　https://re-keiei.com/mailmagazine/swotmailmagazine.html
　● 嶋田利広の病院介護人材育成【メルマガ】
　　　https://re-keiei.com/mailmagazine/hospital-mailmagazine.html
　● SWOT 分析スキル検定公式サイト　http://swotkentei.com/

最適なキャリアデザインのためのパーソナル SWOT

2019 年 10 月 20 日　初版　第 1 刷　発行

著　者　　嶋田 利広
発行者　　安田 喜根
発行所　　株式会社 マネジメント社
　　　　　東京都千代田区神田小川町 2 - 3 - 13
　　　　　M&C ビル 3 F（〒 101 - 0052）
　　　　　TEL 03 - 5280 - 2530（代表）

　　　　　http://www.mgt-pb.co.jp
　　　　　印刷　株式会社 シナノ パブリッシング プレス

©Toshihiro SHIMADA 2019, Printed in Japan
ISBN978-4-8378-0495-6 C0030
定価はカバーに表示してあります。
落丁本・乱丁本の場合はお取り替えいたします。